선두주자의 영성

— 더치 쉬츠

The Pioneer Spirit

Copyright © 2010 Duch Sheets
All right Reserved.
Library of Congress Cataloging-in-Publication Date
Sheets, Dutch
P.O.Box 790 Hamilton, AL 35570
All right Reserved.
Korean Translation Copyright Reserved © 2014 Tabernacle of David.

이 책의 한국어판 저작권은 다윗의장막미디어에 있습니다.
저작권법에 의해 한국에서 보호받는 저작물이므로 무단전재와 무단복제를 금합니다.

THE PIONEER SPIRIT

더치쉬츠 지음

선두주자의 영성

다윗의 장막

서문 — 존 킬패트릭 6

I. 선두주자의 영성 9

II. 옛 길 23

III. 다른 사람들 37

IV. 헌신된 자들 49

차례

V. 값 63

VI. 전사들 75

VII. 개척자들 87

VIII. 열정적으로 99

IX. 대의 113

| 서문 |

더치 쉬츠의 신간 〈선두주자의 영성〉은 이 시대의 그리스도의 몸에 대한 선두주자적 논문이다. 나는 내 친구 위에 덮인 망토에 대한 큰 확신과 신뢰가 있다. 내가 그를 알아 온 오랜 세월 동안, 그의 개인적 생활과 사역 모두를 통해 본 청렴함 덕에 나의 확신과 신뢰는 계속 커져만 갔다. 더치처럼 나에게 감동을 주는 설교가나 작가는 몇 안 된다. 그는 내가 느끼고는 있지만 도저히 표현할 수 없는 부분들을 말로 옮기는, 독특한 은사가 있는 사람이다. 그는 시절의 변화를 능수능란하게 해석하고 그 의미를 우리가 이해

할 수 있도록 도와주는 데에 탁월하다.

여러 번 말했지만, 더치 쉬츠는 미국의 선두주자이다. 그는 강력한 개혁의 기름 부으심이 있는 애국자다. 〈선두주자의 영성〉은 내게 아주 깊은 영향을 미쳐, 친히 전수 받은 것 같은 느낌이 들었는데 모든 독자들이 그러하리라 믿는다. 책의 각 장이 독자들의 영혼 가운데 울려 퍼질 것이요 하나님께서 삶 가운데 말씀하시고 행하시고 계신 바를 투영해 줄 것이다.

나는 하나님께서 이 시대에 이와 같은 자료를 사용하사, 세 번째 "대각성"으로 향해 갈 수 있게 도와주신다고 믿는다!

존 킬패트릭

---

* 존 킬패트릭은 앨라배마주 대프니에 위치한 주님의 임재 교회와 앨라배마주 모빌에 위치한 베이 성령 부흥 교회의 목사다. 이전에는 플로리다주 펜사콜라에 위치한 브라운즈빌 부흥 교회의 목회자였다.

Ⅰ. 선두주자의 영성

THE PIONEER SPIRIT

선두주자 : 선두에 서거나 주도권을 잡는 사람,
분야를 개척하거나 길을 예비하는 사람.

7월 4일, 미국의 독립 기념일이 있는 주말이었다. 잔치 분위기여야 마땅했을 때인데 나는 울음을 그칠 수 없었다. 며칠 동안 울다 그치기를 반복했다. 하루에 한두 번씩 울기를 반복했고, 또 울다 잠드는 일도 있었다. 감사하게도 나쁜 일 때문이 아니었다. (그럼 무엇이었을까?) 다름 아닌 노래 때문이었다. 한 노래의 가사가 내 머릿속을 떠나지 않고 있었다. 마치 육성으로 들리지 않는 하나님의 신비한 음성이 연어를 태어난 곳으로 부르듯, 하나님의 음성은 이 노래의 가사를 통해 내 유전자DNA 깊은 곳의 어딘가로 연결되고 있었다. 나는 그것을 떨쳐낼 수 없었다. 그리고 싶지도 않았고 말이다.

"선두주자"는 내가 영적인 아들로 여기고 있는 릭 피노Rick Pino의 '좁은 길The Narrow Road' 음반에 있는 곡이다. 사실 이 노래는 1989년에 낸시 허니트리Nancy Honeytree가 썼다. 릭은 자신이 이 노래 가사에 아주 강렬한 영향을 받았다며, 내게 발매 전에 노래를 보내왔다. 나는 전적으로 공감했다! 대단한 노래들이 다 그렇듯이 곡의 멜로디와 편곡, 보컬의 기술이 모두 그 영향에 일조했지만, "선두주자"는 그 가사만으로도 심오하다.

(후렴)

개척하라, 개척하라

두려움을 넘어 전진해 나아가라

오직 아버지께서만 너보다 앞서

너의 한계선으로 나아가시니

너는 선두주자

인적 미답의 광야가 네 앞에 펼쳐지고

아무도 가보지 못한 곳에 가는 일에 너는 능숙하나

어둠이 깊어질 때는 여전히 외롭지

그러니 불로 노래하라 새벽까지

가볍게 여행하네, 홀로 여행하네

그곳에 당도해도 아무도 모르지

하지만 하늘의 아버지 네가 감을 기뻐하시네

네 뒤를 이을 이들에겐 길이 필요하니

네가 한 일을 다른 이들이 하리라

너보다 더 크고 잘, **빠르게** 할 테지

하지만 돌아볼 순 없어 계속 전진해 가야지

광야의 좁은 길이 너를 부르네

너를 부르네 또렷이 부르네

계속 전진하라 여기 머무를 순 없지

오직 아버지께서만 너보다 앞서

너의 한계로 나아가시니

너는 선두주자

1993, Nancy Honeytree Miller,
OakTable Publishing, Inc/ASCAP

계속하여 이 곡을 듣는데, 이 곡이 내게 주는 영향력이 왜 그리도 강렬한지를 깨닫게 됐다. 그것은 내 정체성에 대한 부르심이었다. 나는 선두주자다. 외로운 길을 지나 왔다. 아무도 가지 않은 광야의 좁은 길을 걸어 왔다. 꽤 오랜 시간 동안 나는 내가 다르다는 사실을 인정하고 받아들여 왔다. (그 긴 고통의 시간을 간단히 말하자면 그렇다는 것이다!) 종종 이에 대해 묵상했는데, 이제는 하나님께서 나를 그렇게 만드셨음을 믿게 되었다.

그 예가 뭐냐고? 나는 흐름을 '따라가기'보다 '만들어 내기'

를 훨씬 좋아한다. 사람들을 열정적으로 좋아하지만, 혼자 지내는 사람이다. "못 쓸 정도만 아니면"이라고 흔히들 말하지만, 때로 나는 고치기 위해 일부러 못 쓰게 만든다! 왜 그러냐고? 간단하다. 더 좋은 길이 있으리라는 확신이다. 그리고 실제로 무언가가 망가진다면, 나는 방법을 모를지라도 고치려 할 것이다. 시도해 봐야 하지 않겠는가? "만족스러운" 수준과 친구가 되어야 하지 않겠나?

나는 탐험하기를 좋아한다. 어떤 아이디어나 숲, 작은 마을, 골동품 가게, 무엇이든 상관 없다. 무조건 돌아다녀 봐야 한다. 그리고 사냥을 할 때는, 내가 잠잠히 있을 수 없기 때문에 동물을 포획해 가는 경우가 거의 없다. (사냥을 반대하는 집단에서 좋아할 만한 이야기다.)

강의 다음 굽이에, 저 너머 언덕에 무엇이 있는지를 알아내지 않고는 못 배긴다. 나는 사냥을 중단하고 싶지 않아서 쏠 기회를 놓쳐버린 적이 많다. 물론 그랬다면 내가 숲 속에서 보내는 시간 자체를 멈추게 했을 것이다. 나는 사냥꾼이 아니라 탐험가다. 선두주자인 것이다.

선두주자란 무엇인가?

사전에서는 선두주자가 '새로운 길을 탐험하고 예비하며, 개척하는 사람'이라고 정의한다. 앞장서거나 주도권을 쥐는 사람 말이다. 다른 이들이 따라올 수 있도록 미국의 국경을 개척한, 초기 미국의 개척자들에 대해 다들 알고 있을 것이다. 또 종종 우주 탐험, 기술, 의학, 과학 등의 분야를 개척한 이들을 선두주자라고 부르기도 한다. 각종 분야에 대한 탐험이나 준비가 모두 포함될 수 있는 것이다.

선두주자들은 개척한다. 항상 새로운 무언가를 시도할 채비를 갖추고 앞서 간다. 변화에 대해 열려 있을 뿐 아니라, 변화를 주장한다. 그들은 거의 만족하는 법이 없다. 선두주자는 결코 '더 나은 길이 반드시 있다'는 생각을 멀리 두지 않는다. 이들은 발명가요 탐험가, 정찰병이며 길잡이, 개척자, 혁신자, 개혁가요 선두주자다. 선두주자들은 연구 개발하는 무리이고, "만약 이렇다면?"을 생각하는 집단이요 "왜?"와 "왜 안 돼?"를 생각하는 이들이다. 그리고 항상 새로운 길을 찾을 뿐 아니라, 절대로 모든 것에 대해 만족스럽지 않은데 마치 그런 것처럼 행동하지 않는다. 어떤 문제를 일으킬지라도 새로운, 더 나은 방식을 찾기까지 실험할 것이다. 선두주자들에게 그다지 성역은 없다.

나 자신이 선두주자인지(아니면 최소한 선두주자가 되어가고 있는 단계인지)를 확인하는 데에 도움이 될 만한 힌트를 몇 가지 소개하겠다.

― 사물을 있는 그대로 보는 데에 불만을 자주 갖고, 그것을 변화시키고 싶어 한다.
― 누군가 변화를 일으켰다는 이야기를 들으면 내면의 무언가가 꿈틀댄다.
― 옳은 것이 다수에 속하는 것보다 더 중요하다.

— 변화의 불편보다 정체의 진부가 더 거슬린다.

— 실패를 하더라도 시도하는 것이 위험 부담 없이 사는 것보다 훨씬 와 닿는다.

— 막다른 길이나 실패한 시도는 그저 개척 과정의 일부라는 것을 알기에 중단을 거부한다.

— 잘 다져진 길은 끌리지 않지만 미개척된 광야에는 매혹된다.

— 익숙함의 지루함은 미지의 두려움보다 더 무섭다.

— 현재 상황이 짜증난다.

— 자유를 박탈하기보다는 싸우고 심지어 죽으려는, 전사의 영이 있다.

— 현상을 유지하기보다는 대의를 밀고 나아가겠다.

— 안전을 유지하는 것은 매력적이지 않다.

— 만족스러운 상태란 없는 듯하다.

— 돈이나 쾌락 이상의 무언가가 인생에 있기를 원한다.

— 큰 성공보다 변화를 일으키는 것이 더 의미 있다.

— 죽지 않기 위해 사는 것보다 시도하다가 죽는 편이 낫다.

— 남들과 다른 리듬에 맞추어 행진하며 때로 전혀 다른 멜로디를 듣기도 한다.

선두주자라면 결코 정착민이라는 것에 정착하지 말라! 정착한다면, 하나님께서 지으신 그 존재의 일부가 전혀 소리를 내지 못하게 된다. 그런 일을 허락하지 말라. 그 목소리를 찾으라. 단순한 목소리가 아니라 외침을 발견해야 한다.

미국이 간절히 필요로 하는 선두주자

우리 세대는 선두주자를 별로 보지 못했다. 우리는 대부분 추종자 내지는 정착민이었다. 스스로 보호 장벽을 쌓고 안주했다. 사실상 이렇게 말한 것이다.

"우리는 보안을 원합니다. 우리를 돌봐 주고, 우리의 필요를 채워 주며 보호해 줄 누군가가 필요합니다."

미국을 탄생시킨, 열정적인 선두주자의 영성을 잃어버렸다.

이 땅 깊은 곳에는 선두주자의 피가 야성의 부름에 응답할 새로운 세대를 향해 울부짖고 있다. 미국은 이러한 개척자와 선두주자들의 등장을 간절히 필요로 하고 있다. 왜? 이유는 간단하다. 이 나라가 길을 잃었기 때문이다. 우리는 이 나라를 위대하게 만든 기본 원칙들에서 벗어났다. 진리, 청렴, 개인과 단체로서의 책임 의식, 자기 훈련, 성경 윤리와 선조들의 사상 거부라는 개념들은 모두 미국 전반에서 버려졌다.

메시아의 몸인 교회가 다시 미국을 이러한 기초로 이끌어가야 하지만, 그리스도인들은 교회를 탄생시킨 선두주자적 영성을 잃어버렸다. 모든 유전자의 DNA 깊은 곳에는 선두주자 중의 선두주자 되신 그리스도의 영이 있다. 허나 이것은 타협과 종교의 광야 가운데 상실되었다. 하지만 하나님께서는 영적 각성을 부어주사, 신선하고 강력하게 우리를 초대하고 계신다.

"길들여져 활기 없고 조직화되어 버린 종교의 안전함과 지루함을 떠나거라. 자아도취적이고 자기애에 빠진, 일반 그리스도인들이 사는 얄팍한 삶을 떠나거라. 죽음과 잃어버림, 알지 못함에 대한 두려움을 버려라. 내가 2000년 전에 탄생시킨 것을 따라오거라. 나는 급진적으로 세계를 변화시키며 기적을 행하고, 두려움 없이 죽음까지 불사할 정도로 사랑하고, 열정적이며 전투적인 선두주자들을 탄생시켰다!"

우리가 이 부름에 응답하여 선두주자의 여정을 시작하길 하늘이 기다리고 있다. 자, 출발하자!

II. 옛 길

THE PIONEER SPIRIT

갈림길 : 위기의 상황 내지 중대한 결정을 해야만 하는 시점.

예수 그리스도의 교회는 전사의 영을 가진 선두 주자들에 의해 발진되었다. 그리스도께서는 그분의 친 제자들에게 이 영을 두셨으며, 그분을 따르게 된 모든 이들에게도 주고자 갈망하신다. 종교는 선두주자의 영성을 길들인다. 이러한 퇴화를 통해 약해진 종교 지도자들은 결국 무기력하고 성경적이지 않은 복음을 설교하며, 타협, 순응, 수동성을 전하게 된다.

대부분의 미국 교회가 이미 그렇지 않은가!

어쩌면 이러한 영석 리더십의 상신이 미국 전체가 현재 상태로 퇴화하게 된 원인일지 모른다. 건국의 아버지들은 현재 우리가 살아가고 있는 미국을 인정하지 않을 것이다. 그들은 남다른 덕목과 성품을 갖춘, 자유에 대한 애착과 자유를 얻기 위해서라면 어떠한 값이라도 치르겠다는 의지로 무장된 애국자들이었다. 하지만 그들은 애국자들이었을 뿐 아니라, (부정직한 자유주의자들이나 수정론자들이 믿고 싶어하는 바와 반대로) 영적인 애국자들이었다. 그들은 미국이 단순히 개념적인 것이 아니고, 물질적인 축복, 번영, 독재로부터의 자유만을 찾던 이들의 꿈도 아니었음을 알았다. 그래서 그들은 이 새로운 나라를 탄생시키기 위해 스스로의 목숨, 재산, 신성한 명예까지도 아낌없이 걸었던 것이다. 오늘날 보통의 공직자들 가운데 그런 모습을 찾아볼 수 있는가?

영적 애국자

우리 건국의 아버지들은 미합중국이 하나님의 아이디어이며, 그분의 방식대로 건국되기로 결정되었음을 깨달았다. 주님의 권세 아래 주님의 목적을 위하여 말이다. 이후로 우리는 미국을 향한 하나님의 꿈을, 자아를 추구하며 물질과 힘 밖에 모르는 "아메리칸 드림"으로 바꿔버렸다. 애국심이 아주 중요한 것이긴 해도, 그것만으로는 미국을 과거의 위대한 상태로 돌이킬 수 없다. 세속적 애국자들은 미국이 하나님 없이도 위대해질 수 있다고 우리를 설득하려 한다. 미국의 위대함이 우리 스스로의 능력, 결단과 천연 자원 때문이라며 말이다. 이것은 어리석은 교만이요 기만이다. 성경은 공의가 나라를 높이는 것이며, 여호와로 하나님 삼은 나라가 복 되다고 가르치고 있다(잠 14:34, 시 33:12). 에이브러햄 링컨Abraham Lincoln은 이것을 알고 1863년 3월의 선언문에 이렇게 기록했다.

> "우리는 천국으로부터 최고급의 것들을 풍성하게 받아왔다. 이 수년의 시간 동안 평화와 번영 가운데 우리는 보존되었다. 수적으로나 부와 세력 면에서 다른 어떤 나라와도 비교할 수 없이 커졌다. 하지만 우리는 하나님을 잊어버렸

다. 우리를 평화 가운데 보존하신 은혜로운 손길을 잊었다. 그 손이 우리를 배가시키고, 부요케 하였으며 강하게 했는데 말이다. 그리고 우리는 마음의 속임 가운데 이 모든 축복이 우리가 가진 어떠한 우월한 지혜와 미덕에 의해 생겨난 것이라는 헛된 생각을 가지게 되었다. 깨어지지 않는 성공에 취해 자급 자족에 능해진 우리는 은혜를 구속하고 보존해야 할 필요성을 느끼지 못하게 되었으며, 너무나 교만해 우리를 지으신 하나님께 기도하지 못하게 되었다."

이 말은 150년 전과 동일하게 오늘날에도 적용된다. 어쩌면 더 와 닿을지도 모르겠다. 우리는 길을 잃었다. 애국심만으로는 우리가 잃어버린 것을 회복하는 데에 충분한 능력이 되지 못할 뿐 아니라, 미국이 현재 가지고 있는 상태의 기독교나 "교회"조차도 그러하다. 미국은 문화에 맞서는 것이 아닌 문화에 종속되어버린, 안일한 그리스도인들로 가득하다. 우리는 순응주의자가 되었다. 예수께서 명하신 바 "열방을 제자 삼는" 자들이 되어야 하는데 말이다(마 28:19 참조). 우리에게는 영성, 애국심, 선두주자적인 영의 부활이 필요하다. 조지 워싱턴George Washington과 존 퀸시 애덤스John Quincy Adams의 말을 곱씹어보라.

"정치적 번영으로 이끄는 모든 기질과 습관 가운데, 종교와 도덕은 불가결한 기반이 된다. 하나님과 성경 없이는 세상을 옳게 통치할 수 없다."

— 조지 워싱턴

"미국 독립 혁명의 최고 영광은 이것이다. 곧 시민 정부와 기독교의 원칙들을 불가분하게 결합시켰다는 것이다."

— 존 퀸시 애덤스

인본주의자, 세속주의자, 자유주의자들은 이러한 명언들을 좋아하지 않는다. 왜냐하면 자신들의 "분리"에 대한 신화가 틀렸음이 입증되기 때문이다. 그리고 이러한 명언들은 오늘날 공립학교 교과서에 절대 실리지 않는다. 안타깝게도 우리는 프랑스 출신으로 1831년에 미국을 공부하러 온 알렉스 드 토퀴빌 Alex de Tocqueville이 경고한 바를 경험하고 있다.

"나는 미국의 항구 내에, 그 비옥한 땅과 끝이 없는 숲 가운데, 풍요로운 광산과 광대한 세계 무역 중에, 공립학교 제도와 학습 기관들 내에서 그들이 가진 위대함과 천재성의 열쇠를 찾으려 했다. 그토록 민주적인 의회와 비견할 데 없는 헌법 가운데 그것을 찾으려 했다.

미국의 교회에 들어가 그 강단에서 터져 나오는 불을 보기 전에는, 나는 그 천재성과 능력의 비밀을 이해하지 못했다. 미국이 위대한 것은 미국이 선하기 때문이며, 선하기를 그친다면 미국의 위대함도 그칠 것이다."

옛 길

수 세기 전 예레미야 선지자는 이스라엘의 타락한 상태를 보고 애곡했다. 오늘날의 미국과 같이, 타협과 안주, 우상 숭배가 온 나라를 장악해 버렸다. 그는 이스라엘에 이러한 권고를 했다.

"너희는 갈림길에 서서 둘러보며, 옛적 길 곧 신뢰할 수 있는 길이 어디인지 물어보고 그리로 가라(〈메시지〉 렘 6:16)."

미국은 길을 잃었다. 우리는 옛 길에서 벗어나 무신론적 인본주의와 도덕적 상대주의의 광야 가운데 정처 없이 헤매고 있다. 미국의 지도자들은 권세에 취하고 속임수에 비틀대고 있다. 위성 신호를 잡지 못하는 내비게이션과 같이 우리의 영적 지도자들도 방향 감각을 잃었다.

성경적이지 않은 이상적 가치들의 꾸러미에 팔려간 많은 이들은 길들여지지 않은 자아의 부추김을 받아, 잘못 정의된 목표를 따라 달리고 있다. 그들이 이끄는 교회의 빠른 성장과 그 공동체들의 규모는 성공의 척도가 된다. 그들은 그리스도의 사명 선언문을 잊어버렸다.

곧 가난한 자에게 기쁜 소식을 전하고, 포로들을 놓아 주며 눈먼 자들을 눈뜨게 해주고, 억눌린 자들을 놓아주고 귀신을 내쫓으며, 병든 자를 치유하고 열방을 제자 삼는 것 말이다 (눅 4:18, 막 16:16~18, 마 28:19). 그들의 메시지에 능력이 없는 것은, 거기에 십자가가 없는 까닭이다. 그들의 삶 가운데 기름 부으심이 없는 것은 성령을 모르기 때문이다.

우리는 옛 길을 잃어버렸다.

우리는 어디로 오게 된 것일까? 미국의 학교들에서는 기도가 사라졌고, 성경 읽기나 도덕적 기준들도 없다. 진리라는 안정적 지주가 없어진 우리 아이들은 도덕적 상대주의라는 미로를 목표 없이 방황하고 있다.

내 동료 중 한 명이 최근에 동성애에 대한 텔레비전TV 토론 프로그램에 출연했던 이야기를 들려 주었다. 그 프로그램에서 여섯 살된 남자 아이―겨우 여섯 살!―가 자기 입으로 남자의 몸에 갇힌 여자라고 이야기하며 통곡했단다! 이 여섯 살 난 소년은 이 문제를 교정할 수 있도록, 수술 받을 수 있는 날만 고대하고 있었다고 한다. 자신의 남성적인 몸에 대해 물어보자, 아이는 "선천적 결함"이라고 대답했다.

오늘의 미국

최근에 나는 한 10대 소녀가 자신의 학교를 고소하겠다고 말하는 것을 들었다. 자신의 레즈비언 애인을 무도회 파트너로 인정해 주지 않은 문제를 두고 말이다. CNN은 이 여학생을 인터뷰하면서, 그녀의 용기를 칭송하고 그녀가 받은 대접에 애석해했다. 오바마 대통령은 백악관에서 그녀를 높였다. 물론 미국 자유인권 협회ACLU가 법적으로 그녀를 대변하고 있다.

〈뉴스위크Newsweek〉의 최근 기사 하나는 이런 문장을 담았다. "한때는 결혼이 이해가 되었다." 이제 그들은 결혼이 "더 이상 필요하지 않다"고 썼다. 성경의 기준 및 그것을 여전히 믿는 이들을 조롱하며, 그 기사는 이렇게까지 표현했다.

"동성 커플이 결혼의 '신성'을 '파괴'할 것이라고 보수주의자들이 주장하면, 우리는 묻고 싶다. '아니, 우리가 그건 이미 파괴하지 않았나?' … 그리고 결혼을 위해서 '스스로를 지켜둔다'는 생각? 제발 그런 말도 안 되는….

Ⅱ. 옛길

물론 건강한 동반자 관계는 가능하다. 하지만 결혼의 영속성이라는 것은 순진하다 못해, 거만해 보이기까지 한다."

결혼이 한물간 제도라는 주장을 뒷받침하기 위해, 〈뉴스위크〉는 다양한 사실들을 인용했다. 예컨대 남성의 60%, 여성의 50%가 혼인 관계를 유지한 상태로 혼외 정사를 하고 있다든지, 2008년에 미국에서 태어난 아기들의 41%가 미혼모를 통한 것이었다든지! 그들의 결론에는 결코 동의할 수 없지만, 이러한 사실들은 끔찍하다.

우리는 옛 길을 잃어버렸다!

그 길로 돌아가려면 어떻게 해야 할까? 우리에겐 선두주자의 세대가 필요하다. 여호수아는 선두주자의 세대를 인도했다. 미국을 건국한 이들은 선두주자들이었다. 우리 할아버지 세대는 선두주자들이었다. 때로 하나님께서는 한 세대 전원에게 선두주자의 영을 부으셔야 할 때가 있다.

우리 부모 세대와 우리 세대는 정착민의 사고방식을 키워 왔다.

"흐름을 따라가야지 평지풍파를 일으키지 마라. 어차피 이 모든 것들로부터 우리를 구해 주시려 예수께서 오실 것이다."

나는 지금 하나님께서 미국에 개척적이고 선구적이요 선두주자적인 영을 가진, 새로운 세대를 일으키고 계신다고 믿는다. 지금의 상태에 정착하기를 거부하는 이 세대는 우리가 옛 길을 찾아가도록 도와줄 것이다. 우리의 뿌리로 돌아가며 영광스러운 미래를 향해갈 수 있게 해주는 길 말이다. 우리 모두 그렇게 될 수 있다. 이 책을 통해 이 위대한 명분을 달성하는 데에 무엇이 필요한지 살펴보라.

Ⅲ. 다른 사람들

THE PIONEER SPIRIT

다르다 : 성질이나 특질 면에서 같지 않다.
구별되거나 분리되다.

선두주자의 영성을 특징 짓는다고 앞서 언급한 일반적인 사고방식 및 경향과 더불어, 이 길을 가기 위해 필요한 여러 가지 구체적인 특질에 대해 살펴보기로 하자. 지금 이러한 특징들을 삶 가운데서 발견하지 못한다고 해도, 절대로 선두주자가 될 수 없다는 생각은 하지 말라.

거듭나서 그리스도를 좇는 사람이라면, 주님의 선두주자적 유전자DNA가 반드시 있다. 윌리엄 윌리스William Wallace를 겁쟁이처럼 배신한 것으로 잘 알려져 있지만 후에 스코틀랜드의 자유를 향한 투쟁을 이끌기 위해 일어난 로버트 왕Robert the Bruce과 같이, 우리 모두 변화될 수 있다.

메시아를 부인한 지 불과 몇 주 만에 베드로 사도는, 사도행전에 나오듯, 초대 교회의 선두주자적 노력을 주도했다. 변화는 일어날 수 있다.

진정한 선두주자의 첫 번째 특질은 **다르고자 하는 의지**다. 군중을 따르고 있으면 변화의 대리인이 될 수 없다. 변화를 일으키기 위해선 달라야 한다. 대부분의 그리스도인들을 포함해, 미국이라는 나라는 순응주의자들의 집단이 되어버렸다. 하지만 하나님께서는 우리 문화에 순응해선 안 되고 (롬 12:1~2), 소금과 빛이 되어 그것을 변화시켜야 한다고 말씀하신다 (마 5:13~14). 소금과 빛이라는 비유는 우리가 우리 주변의 세상에 맛과 보존, 방향성, 계시의 역할을 해주어야 한다는 뜻이다. 우리는 변화를 일으키는 자들이 되어야 한다.

목소리를 내라

예수의 지상 사역을 예비한 선두주자 세례 요한은 분명 달랐다. 광야에 살며 메뚜기와 석청을 먹은 이 특이한 사람은 이스라엘 나라 전체에 영향을 미칠 수 있었다. 그래서 거대한 회개가 일어났고 메시아를 위한 대로가 수축되었다. 자신이 메시아냐고 묻는 이들에게 그는 이렇게 대답했을 뿐이다.

"아닙니다. 나는 준비하는 소리에 불과합니다."

현재 미국에는 수많은 소음들이 있다. 하지만 하나님의 임재와 영광이라는, 진정한 무게를 가진 목소리는 거의 부재하다. 요한은 변화, 곧 진짜 변화를 낳는 천상의 목소리의 본보기다. 반대로 미국 교회의 지도자들 대부분이 원하는 변화는 자신들이 맡은 공동체의 크기에 관한 것이다. 성취에 대한 잘못된 인식과 경쟁적 영을 만든 이 "교회 성장"의 사고 방식—그 대부분은 순전히 획기적인 양들의 이동—은 미국 교회의 대의에 유익보다는 해악을 끼쳤다.

내가 말하고자 하는 변화는 곧 세례 요한이 일으켰던 변화인데, 하나님 왕국의 원칙과 능력의 침투를 통한 참된 사회적 변혁이다.

요한이 자신을 찾은 이들에게 전한 메시지는 회개에 대한 것이었다. 요한이 쓴 "회개하다(헬라어 '메타노에오')"라는 단어는 전적으로 '다름'에 대한 것이다. 실질적으로 '다르게 생각하다'라는 뜻을 갖고 있는 단어다. 방향 내지 행동의 변화로 이어지는 생각의 변화를 말한다.

선두주자들은 빨리 회개하고 방식을 바꾸어, 다른 이들도 그렇게 할 수 있도록 이끈다. 세례 요한이 많은 이들로 하여금 다르게 생각하고 행동하도록 하는 데에는 오랜 시간이 걸리지 않았다. 그리고 그로 인해 예수께서 무대에 등장하시는 데에 필요한 변화가 일어날 수 있었다.

많은 이들은 오늘날 교회에 필요한 '다른 사고'가 혁신과 창조성이라고 짐작한다. 사실 우리에게 필요한 것은 회개다. 다른 **방법**이 아닌 다른 **생각**인 것이다. 선두주자들은 스스로 단순히 혁신적인 사상가가 아니라 진정으로 변화를 일으키는 사람이 되어 이것을 실현할 것이다.

이 선두주자들은 앞으로 나아가는 길이 사실은 뒤로 가는 길, 즉 옛 길임을 안다. 이들은 사람들을 종교가 아닌 예수께로 이끌 것이다. 제도가 아닌 진리, 건물이 아닌 생활 방식으로 이끌 것이다. 세례 요한은 예수께 대해 이렇게 말했다.

"그는 흥하여야 하겠고 나는 쇠하여야 하리라 (요 3:30)."

오늘날 미국의 많은 영적 지도자들이 가진 문제는, 예수의 것이 아닌 자신의 교회나 사역의 영향력을 흥하게 하려는 데에 있다. 많은 이들은 둘이 같은 의미라고 생각한다. 하지만 그렇지 않다. 하나님의 음성을 듣는 목적은 사람들을 예수께로 향하게 하기 위함이지 사역체나 공동체를 불리기 위함이 아니다. 요한은 결국 자신의 머리를 잃었다. 우리는 소모용이고, 우리가 하는 사역도 마찬가지다. 하지만 예수께서는 그렇지 않으시다. 주님께서는 규모가 아닌 단순히 "크기$_{volume}$"에 집중하는 목소리를 갖고 있는 이들을 찾고 계신다.

거인들을 죽이는 선두주자들

모세가 약속의 땅으로 보낸 정탐꾼 열두 명 가운데 갈렙은 선두주자였다. 그리고 그는 전혀 다른 사람이었다! 사실 하나님께서는 그를 묘사하시기 위해 바로 그 단어를 사용하셨다.

"내 종 갈렙은 그 영이 그들과 달라서 (수 14:24)."

정말이다! 주님께서는 갈렙을 다른 열 명의 정탐꾼들과 대조하고 계신다. 그는 약속의 땅이 참으로 하나님께서 말씀하신 그대로였다고 긍정했다. 그리고 무언가—거인들, 강한 군대들, 요새화된 도시들—가 더 있다는 것이었다. 겁쟁이들의 전형적인 모습처럼, 이 열 명의 정탐꾼들은 자신들의 두려움과 불신으로 나라 전체를 독살시켰다. 이렇게 말해 버린 것이다.

"하나님께서 잊어버리고 거인들 이야기를 안 해주셨어. 저 놈들은 키가 270㎝가 넘어. 심지어 하나님보다 더 커!"

물론 그들이 정확히 이렇게 말한 것은 아니지만, 그런 것과 다름 없었다는 말이다. 그들에게 거인들은 하나님보다 컸다. 이 두려움 많은 열 명의 정탐꾼들은 전부 이스라엘의 "지휘관(수 13:2)"이었음에도, 약속의 땅으로 쳐들어가 그곳의 거인들에게 도전하려는 믿음이 없었다. 그들은 선두주자가 아닌 정착민들이었다. 정착민들은 거인들을 두려워한다. 정착민들은 벽을 높이 쌓아 거인들이 들어오지 못하게 한다. 선두주자들은 가서 거인들을 죽인다. 열 명의 정착민들은 최소한 먹을 것과 입을 것이 있었던 이집트의 종살이로 돌아가는 게 낫다고 생각했다. 싸우는 것보다 말이다! 자유를 위해 목숨을 거는 것이 두려웠다.

하지만 갈렙은 달랐다. 그는 싸우고자 했을 뿐 아니라, 자신이 맡아 싸울 곳으로 "아르바 산지"를 달라고 구했다. 그곳의 본래 이름은 기럇 아르바인데 그 의미는 "아르바 시(市)"라는 뜻이다. 아르바가 거인들 중 가장 큰 자의 이름이었음을 알고 나면, 이 이야기는 훨씬 놀라운 감흥을 준다. 거대 괴물들 중 가장 크고 악한 이 녀석이 그 땅의 가장 높은 곳을 골라 자신의 도시를 세웠다. 갈렙의 태도는 어떠했는가?

"이 악한 거인들을 죽이고 땅을 차지하자. 내가 가장 큰 녀석을 맡겠다!"

이것이 우리에게 필요한 '다른' 영이다!

몇 년 후 마침내 기럇 아르바를 정복하게 되었을 때 (하나님께서는 이스라엘에게 유업을 받기까지 믿지 않는 세대가 죽도록 40년을 더 기다리라고 하셨다.), 갈렙은 그 이름을 헤브론으로 바꿨다. 그 말의 의미는 "우정"이다. 그곳에서 하나님과의 우정을 향유한 것은 갈렙만이 아니라 다른 많은 이들도 있었다. 이를 시각적으로 보여 주는 것이 "하나님의 친구" 아브라함이 실제로 그곳에 묻혔다는 것이다. 얼마나 큰 계시이며 자극인가! 두려움에 맞서 거인들을 정복하면 다른 이들이 하나님과 우정을 누릴 수 있는 길을 마련해 주는 것이다.

갈렙이 기럇 아르바를 정복한 즉시, 그의 조카가 거인이 다스리는 근처의 도시 기럇 세벨을 사로잡아 드빌이라고 개명했다. 그것은 "가장 깊은 성소"라는 뜻이다. 곧 하나님의 임재와 영광이 거하는 곳이라는 말이다. 그렇게 놀라운 그림인 것이다. 우리가 거인들을 정복할 때, 우리 다음 세대는 우리의 정복적 본성을 물려 받아 그들도 빼앗을 것이다. 그리고 이 진보에 주목하라. 우정(헤브론)에서 가장 은밀한 성소(드빌)로. **하나님의 친구들은 주님의 임재 안에 거하는 이들을 낳는다.**

수년 후 다윗 왕은 처음으로 헤브론에 자신의 왕위를 세웠다. 그리고 7년 후에는 그것을 예루살렘으로 옮겼다. 헤브론으로 개척해 갔을 때 갈렙은 장래에 그곳에서 시작될 다윗의 통치를 자신이 예비하고 있었음을 인식하지 못했다. 선두주자들이라고 항상 자신들이 개척하는 바의 완성된 그림을 보지는 못한다. 그저 개척할 뿐인 것이다!

이름 없고 얼굴 없는 선두주자들

미국은 다양한 영성을 가진 선두주자들 덕에 세워졌다. 대륙 분수령의 어딘가에는 바로 우리를 위한 길을 닦다가 죽은, 이름도 얼굴도 없는 선두주자들의 빛 바랜 뼈들이 있다. 알링턴 국립묘지Arlington Cemetry에는 우리가 가진 자유를 예비하다가 죽은 무명 용사의 무덤이 있다. 하지만 미국에는 오늘날 새로운 선두주자의 세대가 필요하다. 우리의 광야는 어떤 산맥이 아니라, 사고 방식과 신념에 대한 것이다. 우리가 마주한 지뢰밭은 오마하 해변Omaha Beach에 있는 것이 아니라 생각과 사상에 있다. 그 탓에 선두주자들의 필요성은 그만큼 크다.

교회도 선두주자들에 의해 세워졌다. 로마의 콜로세움Coliseum 아래의 흙은 선두주자로 순교한 이들의 피로 물들어있다. 우리의 형제요 자매인 그들은 우리 선구적 지도자의 대의를 진척시키기 위해 죽었다. 그들은 천국의 발코니에서 우리를 내려다보고 있다. 그리고 그들의 피는 기준을 낮추지 않을 선두주자 세대가 나타나 주기를 바라며 부르짖고 있다. 이들은 다시금 대의를 위해 목숨을 걸 각오가 된 이들을 기다리고 있다.

어떻게 반응하겠는가? 우리가 선두주자의 길을 택할 수 있기를 나는 기도한다. 망가진 시스템에 맞서고 평지풍파를 일으키기를 바란다. 이 큰 뜻에 대한 여러분의 헌신이 안일한 이들을 긴장하게 만들 수 있기를 축원한다. 군중을 떠나 **달라지라!**

가서 옛 길을 찾자.

Ⅳ. 헌신된 자들

THE PIONEER SPIRIT

비범 : 평범하지 않거나 쉽사리 마주할 수 없음.
헌신 : 스스로를 (이성적으로 혹은 감정적으로) 어떠한 방책에 묶는 행위.
진심 어리고 변함 없는 목적 고정의 특질.

예수께서는 제자들에게 "나를 따르라"고 하셨다. 어디로 따르라고 하신 것일까? 알 수 없는 곳으로 오라고 하신 것이다. 그들의 영적 아버지 아브라함에 대해 다루실 때도 마찬가지로, 이렇게만 말씀하셨다.

"너희가 나를 따르려 하는 방식과 장소를 따지고 고르는 것을 나는 원하지 않는다. 나는 너희의 의지에 대해 '백지 수표'와 같은 권한을 원한다. 나를 따라오라는 것이다. 그게 전부다."

그 원칙은 변하지 않았다. 그러므로 서두주자가 되는 데에 필요한 두 번째 특성은 **비범한 헌신**이다.

"내게 무슨 유익이 되는가?"의 세대를 닮게 된 결과, 미국의 그리스도의 몸은 이제 인본적인 "내게 무슨 유익이 되는가?"의 복음을 전하고 있다. 성경에 그런 말씀이 있는지 찾아볼 생각은 하지 말라. 결코 없으니까. 사실 예수께서 주신 메시지는 우리가 갖고 있는 것과 너무나 다르다.

주께서 오늘날 미국의 전도자 내지 성경 강사셨다면, 대부분의 교회에서 환영 받지 못하셨을 것이다. 그러나 낙망하지 말라. 영적이고 애국적인 선두주자의 새로운 세대가 이것을 곧 변화시킬 것이다. 여기에는 헌신이 요구된다. 예수 그리스도와 그분의 뜻에 대한, 단순하지만 비범하고 풍부한 헌신 말이다. 그들에겐 그것이 주어질 것이다.

위험을 무릅쓰는 선두주자들

로널드 레이건Ronald Reagan은 단순하지만 비범한 헌신을 한,

영적이고 애국적인 선두주자였다. 선두주자만이 자신의 **모든 참모들과 의견을 달리하며** 세상에 맞설 수 있다. 그래서 그처럼 힘차게 선언할 수 있었다.

"고르바초프Gorbachev 대통령, 이 벽을 무너뜨리십시오."

이 말을 당시 그가 대통령직에 있던 1987년에 했지만, 레이건 대통령 속의 선두주자적 씨앗은 훨씬 전부터 자라고 있었다. 1964년 10월 27일, 그는 이와 같이 가슴 저미는 말을 했다.

"단순한 해답으로 풀기엔 세상이 너무 복잡해졌다고 사람들은 말합니다. 그건 틀린 것입니다. 쉬운 답은 없지만 간단한 답은 있습니다. 우리는 옳다고 아는 바를 행할 용기를 가져야만 합니다."

하나님께서 미국에 로널드 레이건과 같은 이들을 더 많이 주시기를 바란다!

그가 한 말은 고린도후서 11장 3절의 말씀을 떠올리게 한다.

"그러나 나는 뱀이 그 간계로 하와를 미혹한 것 같이, 너희 마음이 그리스도를 향하는 단순함과 깨끗함에서 떠나 부패할까 두려워하노라."

단순한 헌신. 단순한 해답. 옳은 일을 하는 것은 보통 복잡한 것이 아니다. 때로 대가가 요구되긴 하지만, 복잡하진 않다.

담대한 선두주자들

조지 패튼George Patton 장군도 비범한 헌신의 사람이었다. 나는 그의 마음이 너무나 좋다. 그렇다, 그의 언어는 날 것이었고 그의 열정도 마찬가지였다. 그의 선두주자적 마음의 강렬함은 항상 그를 전진하도록 밀어 주었다. 한 전투에서 병사들이 후퇴해야겠다는 말을 하자, 패튼 장군은 이런 말을 했다고 전해진다. "지옥아, 후퇴하라. 우리는 뒤로 전진하겠다."

너무 멋지지 않은가?

패튼은 히틀러 최후의 큰 공격으로 일어난 '벌지 전투'the Battle of the Bulge에서 세상을 구하는 데에 일익을 했다. 대단히 어려운 조건 가운데, 패튼 장군의 부대는 세상에 헌신된 결의를 보여 히틀러의 전진을 막아냈다. 유럽의 분쟁이 종반을 향하고 있음이 분명해졌을 때, 패튼 장군은 마샬Marshall 장군에게 서신을 보내 이런 요청을 했다.

"대독일 작전을 성공리에 마치면, 나는 어떤 종류의 전투 지휘라도 맡고 싶다…일본에 대항해 …나는 이제 마지막 전쟁을 해야 할 나이가 되었으니, 이번 전쟁의 마지막까지 보고 싶다…."

승리가 확정되기 전에 집에 가서 쉰다? 조지 패튼 장군은 그런 류의 선두주자가 아니었다. 비범한 헌신의 사람이었던 것이다. 나는 미국에 그와 같은 지도자가 더 많이 주어지고, 오늘날 워싱턴에 있는 우유부단한 관료들은 줄어들게 되기를 기도한다.

의무를 중시하는 선두주자들

그 다음으로 패튼과 동시대에 선두주자의 영을 가지고 살았던 사람으로 윈스턴 처칠Winston Churchill을 빼놓을 순 없을 것이다. 그도 역시 세상을 구하는 데에 한 몫을 했기 때문이다. 얼마나 헌신된 지도자였던지! 그의 열정과 결의—그리고 두 가지 모두를 소통해 낼 수 있는 능력—로 영국은 히틀러에 맞서 잘 싸워냈다. 그를 막을 수 있는 방편이 하나도 없어 보였을 때에 말이다. 당시 처칠이 남긴 많은 명언 중 의무에 대한 말이 있다.

"사람의 사명은 물질적 계산으로 측정되지 않는다. 세상에 거대한 세력이 움직일 때, 우리는 우리가 동물이 아닌 영임을 알게 된다. 어떤 일이 일어나고 있는 것이다…그것은 우리가 좋든 싫든 의무를 만들어낸다."

우리가 좋든 싫든, 오늘날 의무를 촉구하는 일들이 일어나고 있다. 낙태는 의무를 불러온다. 잃어버린 세대도 의무를 불러온다. 동성애를 하는 여섯 살짜리, 급증하는 성 매매, 적그리스도의 영과 태도, 타협하는 교회. 이 모든 것들보다도 더 많은 일들이 의무를 촉구하고 있다. 하나님께서는 선두주자 세대로서 우리에게 할당하신 의무를 수행하도록 부르고 계신다. 헌신과 희생, 전쟁을 위해 말이다.

최근에 나는 마커스 러트렐Marcus Luttrell이라는 사람이 쓴 〈고독한 생존자Lone Survivor〉라는 책을 읽었다. 그 책은 미 해군 특수부대Navy SEAL가 겪은 중 가장 큰 상실의 고통에 대한 이야기다. 성경 외에 나에게 이처럼 큰 파급 효과를 준 책은 없었다. '비범한 헌신'이라고 하면 이 전사들을 평가절하하는 표현이다. 그 책을 읽고 울어 보라. 나는 그랬다. 또한 읽은 바에 대해 조용하고 고독하게 생각하는 시간을 오래 가졌다. 다른 무엇보다도, 나는 나의 헌신의 정도, 예수의 위대한 뜻에 대한 나의 의무를 분석해 보았다. 성경의 왕처럼 나는 스스로를 저울에 달아 부족함을 발견했다.

대부분의 사람들은 그 용감한 이들이 감내해야 했던 것을 견딜 필요도 없을 것이요 그럴 수도 없다. 하지만 심적 차원에서 우리는 그리스도와 그분의 뜻―여기엔 세상의 빛이 되도록 주께서 들어올리신 이 나라에 대한 독실한 헌신도 포함된다―에 대한 헌신과 동일한 체험을 해야 한다. 나는 특수부대 신조의 몇 부분을 읽으면서 이것이 모든 **성도들**의 신경이 되어야겠다는 생각을 떨칠 수 없었다. 너무나 강력하고 영감 있어서 여기에 인용하지 않을 수 없었으니 곱씹어 보기를 바란다.

"전쟁이나 불안정한 때에는 우리나라의 부름에 응답할 준비가 된, 특별한 종류의 전사가 있다.

성공하겠다는 비범한 갈망을 가진 평범한 사람. 역경으로 단련된 이 사람은 미국과 미국민을 섬기고 그 생활 방식을 보호할 미국의 최정예 특별 작전부대와 함께한다. 내가 그 사람이다.

나의 삼지창은 영예와 유산의 상징이다. 먼저 간 영웅들이 내게 수여한 삼지창은 내가 지키기로 서약한 이들의 신뢰를 구현하는 것이다.

삼지창을 부착함으로 나는 내가 선택한 직업과 생활 방식에 대한 책임을 받아들인다. 이것은 내가 매일 얻어야 하는 특권이다.

국가와 팀에 대한 나의 충성은 비난을 초월한다. 우리 미국 시민들의 보호자로서 겸손히 섬기며, 항상 스스로를 지켜낼 수 없는 사람들을 방어할 준비를 갖춘다. 내가 하는 일의 성질을 광고하지 않고, 내가 한 일에 대한 인정을 구하지도 않는다. 나는 내 직업 고유의 위험성을 자발적으로 받아들이며, 다른 이들의 복지와 안녕을 내 자신의 것보다 우선시한다.

나는 전쟁 중에나 그렇지 않을 때나 명예롭게 복무한다. 상황과 무관하게 나의 감정과 행동을 다스릴 수 있는 능력이 나를 다른 이들과 구별되게 한다. 타협 없는 청렴이 나의 기준이다. 나의 성품과 영예는 확고하다.

내 말은 곧 보증 수표다.

우리는 인도하고 인도 받을 것을 기대한다. 명령의 부재 시에는 내가 임무를 맡아 팀원들을 인도하여, 임무를 완수한다. 나는 어떤 상황 가운데서도 본보기를 보여 인도한다.

나는 **결코** 중단하지 않을 것이다.

나는 역경을 감내하고 즐긴다. 내 조국은 내가 내 적들보다 육체적으로 더 튼튼하고 정신적으로 더 강해지기를 기대한다.

쓰러지도록 떼려 맞았어도, 나는 매번 다시 일어날 것이다.

나는 젖 먹던 힘까지 다하여 나의 팀원들을 지키고 나의 임무를 수행할 것이다.

나는 **결코** 전투에서 물러나지 않는다.

우리는 훈육을 요구한다. 혁신을 기대한다. 내 팀원들의 생명과 우리 임무의 성공 여부는 내게 달려 있다. 나의 기교, 전술적 숙련도, 세부 사항에 대한 주의력 모두.

나의 훈련은 **결코** 완성되지 않는다.

우리는 전쟁을 위해 훈련하고 이기기 위해 전투한다. 나는 나의 임무와 내 조국이 세운 목표를 성취하기 위해 전 영역의 전투력을 갖추고 대기 상태로 있다. 내가 수호하고자 하는 바로 그 원칙들이 요구를 넘어 나에게 지시할 때, 나의 의무 실행은 신속하고 폭력적일 것이다.

용감한 사람들은 자랑스러운 전통을 세우려 싸우다가 죽어갔다. 그리고 내가 기릴 수밖에 없는 평판을 두려워했다. 최악의 조건 가운데 내 팀원들의 유산은 나의 결단을 붙잡아 주고 잠잠히 나의 모든 행동을 이끈다는 것이다.

나는 실패하지 않을 것이다.

부인(否認)의 위험

이것이 바로 선두주자적 영성이다! 하나님께서는 그분의 뜻을 위한 이러한 열정, 성품, 청렴, 헌신을 찾고 계신 것이다. 헌신이 부족할 때는 타협이 기다리고 있다. 무관심, 유화有和, 부인, 또 기만도 줄을 서 있다.

아돌프 히틀러는 오스트리아에서 98% 대 2%로 회유해 제3제국the Third Reich에 가담하자는 투표 결과가 나오자 이렇게 말했다.

"사람들이 무지한 상태를 유지하기로 선택하니 우리에게는 얼마나 행운인가!"

이 얼마나 비극적일 정도로 맞는 말인가.

안타깝게도 미국은 이러한 부인의 상태에 있다. 우리의 거룩한 뿌리와 그로 말미암은 안정성을 부인하고, 인본주의와 상대주의라는 "밧줄 없는" 사상으로 향하게 되었다. 개구리 싸움을 막기 위해 아기들을 다 죽이는, 산업과 기주 전체를 닫아버리는 것과 똑같이 저능한 짓이다. 한 남자와 한 여자 간의 결혼이 조롱 받는 한편, 두 남자 간 혹은 두 여자 간의 "결혼"은 찬양 받고 있다. 우리는 길을 잃었다. 애국 세대가 일어나 이 의식 없는 아이디어의 미로로부터 인도해 주지 않는다면, 우리는 광야 가운데 썩고 말 것이다.

하지만 나는 애국적 선두주자들이 나타날 것이라고 믿는다. 나도 그중 하나다. 해군 특수부대와 같이,

"나는 **결코** 중단하지 않을 것이다! … 나는 **결코** 전투에서 물러나지 않는다! … 나의 훈련은 **결코** 완성되지 않는다! … 나는 실패하지 **않을** 것이다!"

나는 선두주자다.

V. 값

THE PIONEER SPIRIT

값 : 무언가를 얻기 위해 주어지거나 되어지거나,
겪어야 하는 것으로 측정되는 가치

선두주자에게 요구되는 세 번째는 어떤 목표에 도달하거나 임무를 수행하기 위해, **어떤 값이라도 치르겠다**는 결단이다. 종국에 세상 곳곳으로 보낼 열두 명의 선두주자들을 세우실 때, 예수 그리스도께서는 그들이 치러야 할 값을 분명히 말씀하셨다.

"보라, 내가 너희를 보냄이 양을 이리 가운데로 보냄과 같도다. 그러므로 너희는 뱀 같이 지혜롭고 비둘기 같이 순결하라. 사람들을 삼가라. 그들이 니희를 공회에 넘겨 주겠고 그들의 회당에서 채찍질하리라 (마 10:16~17)."

"이에 예수께서 제자들에게 이르시되, '누구든지 나를 따라오려거든 자기를 부인하고 자기 십자가를 지고 나를 따를 것이니라. 누구든지 제 목숨을 구원하고자 하면 잃을 것이요 누구든지 나를 위하여 제 목숨을 잃으면 찾으리라' (마 16:24~25)."

선두주자였던 이 제자들은 결국 어떤 값을 치렀는가? 이 모든 것이 그저 상징적 언어였을까? 그래서 문자적으로 취할 여지가 없는 것일까? 분명 예수께서 그분을 따르는 이들에게 실제로 목숨을 내려놓을 것을 요구하진 않으실 것이다. 그러실 리가 있겠는가? 역사가 이 질문들에 대한 답을 가지고 있다.

* 안드레는 십자가에 달렸다.
* 바돌로매는 십자가에 달렸다.
* 알패오의 아들 야고보는 돌에 맞아 죽었다.
* 세베대의 아들 야고보는 참수되었다.
* 세베대의 아들 요한은 밧모 섬으로 추방되었다.

* 베드로는 거꾸로 십자가에 달렸다.

* 빌립은 거꾸로 십자가에 달렸다.

* 도마는 인도에서 순교 당했다.

* 열두 제자에 속하진 않지만 주님께 초기 지도자로 쓰였던 바울과 세례 요한은 둘 다 참수되었다.

우리가 미국에서 설교하는 복음은 이러한 값을 요구하지 않는다. 우리가 믿는 것은, 예수께서 모든 값을 치르셨으니 구원이 거저 주어졌다는 것이다. 하지만 위대한 찬송가 '이 세상 험하고 Jesus paid it all'는 그걸로 끝이 아니다. 그 다음 가사는 "내 주께 빚진 모든 것 all to Him I owe"이다. 주님께서 우리의 구원 이상의 것을 사셨다는 것이 진리다.

주님께서는 우리를 사신 것이다 (행 20:28). 예수의 참된 제자—선두주자—가 되기 위해 우리에게 요구되는 값은 모든 것이다. 이러한 마음가짐이 우리가 하는 모든 일과 살아가는 목적 가운데 침투하여 영향을 미쳐야 한다.

V. 값

값을 치른 선두주자들

영화 〈어메이징 그레이스〉의 윌리엄 윌버포스 William Wilberforce 는 이것을 이해하고 있었다. 그는 대영제국의 노예제를 뿌리 뽑기 위한 노력을 지휘한 사람이다. 그의 집사가 하나님을 찾았냐고 묻자, 윌버포스는 이렇게 대답했다.

"주께서 나를 찾으신 것 같습니다."

실로 하나님께서는 윌버포스를 찾으셨다. 그는 주님의 마음과 갈망에 너무나 연합되어, 결국 그 뜻을 위해서는 어떤 값도 무겁게 느끼지 않았다. 노예 제도를 끝내고자 한 그의 열정은 위장병, 악몽, 조롱과 40년간의 쉼 없는 노력으로 이어졌다. 하지만 그가 죽기 며칠 전, 결정적인 투표로 영국에서 노예제가 없어졌다.

투표로부터 3일 후 그것이 공식 법으로 제정되자, 윌버포스의 영은 세상을 떠났다. 당시 영국 하원의원이었던 토마스 벅스턴 Thomas Buxton은 윌버포스에 대해 이렇게 말했다.

"수고를 마친 그날이 그 삶을 마친 날이었다."

이 선두주자를 향한 하나님의 사랑은, 주님의 마음을 감동케 해 그의 수고의 열매를 볼 수 있도록 생명을 연장시켜 주었다.

미국은 값을 치르는 선두주자들의 피와 땀, 눈물로 일구어졌다. 보스턴의 대표로 1770년에 선출된 때, 존 애덤스John Adams는 영국 왕이 이것을 반역으로 간주할 것과 자유를 향한 여정에는 모든 것이 소요될 것임을 알았다. 그는 아내 애비게일Abigail에게 말했다.

"하원 의원석을 받아들이기로 했고, 그에 따라 나 스스로의 파멸에 동의했어…"

오늘날 얼마나 많은 사람들이 모든 값을 치러야 함을 알면서도 의원석을 받아들일지 모르겠다. 애덤스 당시에 그들은 급여도 못 받고 대신 소액의 수당만 받았다!

오늘날 의회에서 목숨을 거는 건 둘째 치더라도, 보수를 받지 않고 나라를 섬길 사람들은 많지 않다. 하지만 애덤스는 그 선언으로 끝이 아니었다. 스스로 자신의 파멸에 동의했다고 말한 그는 이렇게 말을 이었다.

"…여러분의 파멸, 그리고 우리 아이들의 파멸. 내가 경고합니다. 운명에 대해 마음을 준비하기를 바랍니다."

믿을 수 없다! 자유를 향한 애덤스의 사랑, 하나님께서 미국을 일으키고 계신다는 그의 신념은 어떤 값이라도 치를 수 있다는 의미였다.

애비게일은 이에 대해 어떤 느낌을 가졌을까? 배신감? 공포감? 그녀는 남편을 떠나겠다고 협박했을까? 애덤스에 따르면, 그녀는 눈물을 터뜨리며 울었다고 한다.

"흑흑, 이 모든 위험 가운데 주님의 뜻을 위해 함께 가고 싶어요. 당신이 파멸한다면 나도 당신과 함께 파멸해야죠."

이 헌신적이고 종의 영감을 받은 태도를 능력과 위신, 재정적 이득에 대한 이기적 정욕이 미국의 많은 도시 지도자들에게 동기 부여가 되고 있는 현상과 비교해 보자. 그 결과는 역겹다. 표를 파는 것부터, 납세자들의 돈으로 가는 휴가, 사유 제트기에 이르기까지. 워싱턴 DC는 부자, 유명인, 착취자들의 집이 되어버렸다.

몇 년 후 독립 선언문에 서명할 때, 애덤스와 그 외 서명자들은 다시 한번 자유에 따른 잠재적이고 개연적인 값을 인정하며 이렇게 기록했다.

"이 선언문을 지지하기 위해, 거룩한 가호에 굳게 의지하여, 우리는 생명과 재산, 신성한 영예를 서로에게 상호 맹세한다."

후에 애덤스는 애비게일에게 이렇게 썼다.

"이 선언을 유지하고 이 주(州)들을 지지하고 수호해 나가는 데에 얼마나 많은 피와 땀이 요구될지 아주 잘 인식하고 있어. 하지만 나는 모든 어둠을 관통해 기막힌 빛과 영광의 줄기를 볼 수 있어. 나는 목적이 모든 수단보다 가치 있음을 볼 수 있거든."

미국은 선두주자들을 찾게 될까?

미국이 옛 길로 돌아가는 길을 찾게 된다면, 나라를 사랑하고 하나님을 경외하는 또 다른 세대가 어떤 값을 치르고라도 선지자들의 망토를 입고 그것을 찾기 때문일 것이다. 어떤 이들은 내가 하나님 사랑과 국가를 부적절하게 연관 짓고 있다고 비난할지 모르지만, 하나님을 향한 사랑 때문에 나는 미국의 회복을 보고자 하는 열정을 갖게 되는 것이다. 애덤스 등 미국의 건국자들처럼, 나는 하나님께서 이 나라를 세우시고자 선택하셨음을 깨닫는다. 인류를 구속하기 위한 주님의 꿈이요 계획의 일부였던 것이다. 미국은 그저 미국인들을 위한 것이 아니었다. 그리고 분명 육적이고 쾌락주의적인, 자기 도취적 "아메리칸 드림"—우리가 미국을 이렇게 퇴화되도록 만든 것이다—의 향유를 위한 것도 아니다. 주님의 위대한 꿈 안에서 그분과 동역하는 것은 우리의 특권이요 운명이다. 이를 위해서는 어떠한 값도 아깝지 않다.

독립 선언문에 서명한 많은 이들은 이 대의를 지키기 위해 결국 엄청난 값을 치렀다. 전쟁은 그중 많은 이들의 집과 재산, 그들 자신 내지 식구들의 목숨을 앗아갔다. 어떤 이들은 감옥에 갇히기도 했다. 잃어버린 것들을 극복하고 다시 일어선 이들도 있었지만, 그렇지 못한 이들도 있었다. 우리의 자유를 예비하기 위해 엄청난 값을 치렀던 것이다. 그렇다, 우리는 그들의 기억을 기려야 한다. 오직 그들이 남긴 본을 따르고 그들이 남긴 유산을 계속 높여야 한다.

아메리칸 드림이 죽어가고 있는 것은, 우리가 미국을 향한 하나님의 꿈을 죽게 두었기 때문이다. 하지만 나는 부활을 믿고 있다. 교회와 워싱턴 DC의 이기주의에 지쳤다. 주님의 생명을 얻고자 자신의 생명을 잃어버리며, 십자가에 진 자신들의 빚을 받아들이고 옛 길로 돌아가기 위해 어떤 값이라도 치를 선두주자들을 찾고 있다.

예수께서 모든 값 내셨으니, 나는 모든 빚을 그분께 지고 있다!

Ⅵ. 전사들

THE PIONEER SPIRIT

전사 : 전투에 종사하거나 능숙한 사람.
용감한 군인 내지 투사.

하나님의 왕국은 보기에 모순되는 것들, 즉 역설로 가득하다. 이것도 그중 하나다. 다른 어떤 것보다 사랑이라는 특질을 소유하도록(고후 13장), 또 모든 사람과 평화를 추구하도록(히 12:14) 부르심 받았지만, 또한 우리는 전투로의 부르심을 받았다(엡 6:12~20). 이는 선두주자가 되는 데에 필요한 네 번째 특질로 우리를 향하게 한다. 곧 **전사의 마음을 갖는 것이다**.

우리는 흑암의 왕국과 권세, 거짓 사상, 그리고 그것들이 낳은 전략에 대항하여 전쟁을 해야 한다. 우리의 싸움이 "혈과

육에 대한 것이 아니지만 (엡 6:12)," 우리는 **영적 무기들**을 통해 담대하게 맞서되, 우리의 대의에 맞서는 개인들에 대해서도 그리 해야 한다. 그리고 테러나 다른 형태의 폭력이 우리의 자유와 사랑하는 이들을 위협하는 곳에서 우리는 **물리적**으로 싸울 각오를 해야만 한다. 정부와 종교계의 평화─반전주의자들 이상으로 자유를 파괴하는 이들은 없다.

미국 독립전쟁the Revolutionary War 시발에 조지 워싱턴George Washington 장군은 자신의 부대에게 이렇게 말했다.

"아직 태어나지 않은 수백만의 운명이 하나님을 따르는 이 군대의 용기에 달려 있다. 우리의 잔인하고 가차 없는 대적은 우리에게 용감한 저항이냐, 극도로 비참한 항복이냐의 선택만을 남겨주었다. 그러므로 우리는 **정복하든지 죽든지**의 결단을 해야만 한다."

패튼 장군─그는 나에게 얼마나 많은 영감을 주었는지!─은 자신의 부대에게 이렇게 말한 적이 있다.

"제군들은 전사의 혼을 받아야만 한다."

얼마나 대단한 임무인가! 나는 많은 미국인들이 전사의 혼을 잃어버렸음을 보게 되었다. 일부 교회에서는 영적 전쟁에 대해서라도, 듣고 싶어하는 마음조차 없는 경우가 많다. 그들은 다른 누군가가 자신의 싸움을 대신 싸워 주길 원한다. 이것이 정착민의 마음이다. 그와 반대로 선두주자들은 싸워 전진해 나아간다. 사랑하고 믿는 바를 위해 스스로 싸울 의지가 있는 것이다.

구약의 전사들

구약을 보면, 하나님께서 전사들의 마음에 대한 예시를 우리에게 보여 주신다. 하나님께서 그렇게 하시는 까닭은 오늘 우리가 주님의 뜻을 사람들에게 강요해야 하기 때문이 아니라, 그 전사들의 특질들이 우리의 영적 전쟁에 적용될 수 있기 때문이다. 다윗이 그와 같은 전사들 중 한 명이었다. 그는 사자와 곰을 죽여, 아버지의 양 떼를 지켰다. 그리고 하나님의 대적들이 이스라엘을 멸하고자 하면 언제나 싸울 태세를 갖추고 있었다. 바로 이 청년이 골리앗에 맞서기 위해 실제로 뛰쳐나갔던 것이다!

그리고 다윗의 "용사" 중 한 명이요 구약의 전사들 가운데 내가 가장 좋아하는 사람인 브나야(대상 11:22~24 참조)가 있다. 사자 한 마리가 그의 마을을 위협하고 있어서(성경에는 세부 사항이 나타나지 않지만 나는 그렇게 짐작한다), 이스라엘의 남자들이 구덩이를 파고 그 속에 미끼를 놓아 사자 덫을 꾸몄다. 그랬더니 어떻게 됐을까? 사자를 어떻게 끝장냈을까? 창을 던지거나 화살을 여러 발 쏘는 것을 생각할 수 있다. 어쩌면 그냥 돌로 쳐죽일 수도 있었을 것이다. 여러 가지 선택 사항이 있다. 그저 구덩이에서만 떨어져 있으면 된다!

어떤 이유에서였는지 브나야는 사자를 위에서 죽이려 하지 않았다. 그는 소리쳤다. "내가 간다." 누군가가 그를 말리기도 전에 브나야는 구덩이로 뛰어들었다. 성경은 거기에 덧붙인다. 눈 내리는 날이었다고. 그리고 사자를 죽였다. 이런 게 전사 아니고 무엇이겠는가?

성경은 또한 브나야에 대해 "하는 일이 용감하여 모압 아리엘의 아들 둘을 쓰러뜨렸다 (대상 11:22)"고 말씀한다. 이것이 왜 중요한 것일까? 우리가 성경에서 보는 "두 아들"은 이렇게 번역할 수도 있다.

"두 명의 사자 같은 영웅들." 나는 브나야에게 사자에 대한 무언가가 있었던 것 같다. 이어 23절은 이렇게 기록한다.

"또 키가 큰 애굽 사람을 죽였는데 그 사람의 키가 다섯 규빗(225cm)이요 그 손에 든 창이 베틀채 같으나 그가 막대기를 가지고 내려가서 그 애굽 사람의 손에서 창을 빼앗아 그 창으로 죽였더라."

이 정도면 전사의 제곱이다!

전사를 낳는 전사들

그건 그렇고, 브나야가 사자와 거인들을 죽이는 본성을 어디서 받았으리라고 생각하는가? 그것은 그의 리더였던 다윗의 기름 부으심으로부터 그에게 흘러내려간 것이다. 다윗도 사자와 거인을 죽인 사람이었지 않은가. 전사들은 전사를 낳는다. 나는 성경에서 "우는 사자(벧전 5:8)"라고 칭해지는 사탄에게 도전할 영적 브나야의 세대를 일으켜주시기를 하나님께 기도하고 있다. 그는 우리 시대의 많은 이들을 삼키고 있다. 그를 막아야만 한다. 우리에겐 이 나라의 영적 거인들을 맡을 선두주자적 전사들이 필요하다.

엘르아살도 다윗의 전사 중 한 명이었다.

"그가 나가서 손이 피곤하여 그의 손이 칼에 붙기까지 블레셋 사람을 치니라. 그 날에 여호와께서 크게 이기게 하셨으므로(삼하 23:10)."

자신의 나라를 지키기 위해 엘르아살은 피로를 이기고 싸웠으며, 손을 움직일 물리적인 힘이 더 이상 없었을 때에 마음으로 칼을 붙들었다! 전쟁이 끝났을 때, 그의 동지들은 사체들을 헤치고 걸어가 칼에서 엘르아살의 손을 떼어냈다. 진짜 전사였던 것이다!

오늘 우리에게 필요한 전사들

이러한 전사의 영이 오늘날 이 땅의 영적 거인들에 대하여 어떤 행동으로 나타나야 할까? 기도와 금식, 시위, 또 때로는 시민적 불복종, 비성경적 이상을 가지고 이 땅에 대한 하나님의 통치에 온통 반대하는 발언을 하는 이들을 투표로 물리치는 일들을 통해 할 수 있다. 이러한 전사의 영은 또한 악과 독재에 대해 집요하게 맞서는 일, 우리의 목소리를 내며 이 땅에 부흥이 임하여 미국이 개혁되기까지 기도하는 일 등으로 표현될 수 있다. 미국에서 진정 개혁을 볼 수 있을까? 분명 순응주의자나 정착민들의 마음과 삶을 통해서는 안 될 것이다. 하지만 선두주자적 전사들이 브나야와 엘르아살의 마음을 가지고 일어선다면, 그들이 옛 길을 찾기로 결단한다면 볼 수 있을 것이다.

최근에 나는 제2차 세계대전 중 베티오 해변Betio Beach 전투에 대한 이야기를 읽게 되었다. 미국이 남태평양의 이 해변을 취해야 할 당위성은 명백했지만, 그렇게 하기에 불리한 조건들

이란 이루 말할 수 없었다. 전투의 결과는 무시무시했고, 우리 군사들의 마음은 투지에 넘쳤다. 심슨Simpson은 〈미국을 찾아서 Looking for America〉라는 책에서 그들에 대해 이렇게 기록한다.

"그때까지의 전쟁 역사 가운데 군대가 앞에는 기를 죽이는 불을 마주하고 뒤로 가자니 차디찬 바다가 놓인 경우는 없었다."

이 지점의 중요성을 아는 일본군은 정예병 6,500명을 엄선해 그들을 무장된 위치에 두고, 거기서부터 해변을 지키려 했다. 전투가 시작됐을 때 그 모습은 처참했다. 미군들은 화력이 반으로 줄었다. 125척의 상륙 주정 중 75척이 파괴되었다. 석호(潟湖)의 물이 주홍색으로 변했다. 수백 구의 시체가 파도와 함께 출렁이고 있었고, 또 다른 수백 구가 해변에 어지럽게 널려 있었다. 하지만 여전히 해병대는 계속 오고 있었다. 미국은 3,000명 이상의 인명 피해를 입었다. 부두에 다다른 이들 가운데, 많은 이들이 먼저 간 동지들의 수몰된 시체를 밟고 걸어갔다! (바로 그때 나는 책을 내려놓고 이 전사들과 그들이 나를 위해 치른 값을 인해 하나님께 감사 드리며 통곡했다.)

둘째 날이 저물 때쯤, 해병대 상륙군의 지휘관인 슈프Shoup 대령은 본부에 무전을 했다. "인명 피해가 크다. 사망자 비율은 아직 모른다. 전투 효율성—우리가 이기고 있다." 이것이 전사다! 자유의 투사들인 것이다! 영웅 아닌가! 6,500명의 일본 수비대 중 단 17명만이 생존했다!

진정한 전사들이여, 일어나라!

나는 베티오 해변에서 싸운 이들과 같은 영적 전사들을 하나님께 구하고 있다. 우리에겐 사탄이나 인본주의자들, 자유주의자들 등 누가 어떤 화기를 들이대도, 그 모든 것을 이겨내고 이 나라를 다시 그리스도께 돌려 드릴 수 있는 마음을 가진 사람들이 필요하다. 온 땅이 그렇지만 미국도 주님께 속했기 때문이다 (시 24:1 참조).

우리는 거룩한 불로 타오르는 21세기의 존과 찰스 웨슬리 John and Charles Wesley가 필요하다 죄인들이 부르짖어 자비를 구하게 되는 정도의 기름 부으심을 전할, 조나단 에드워즈Jonathan Edwards 정도의 기름 부으심, 사람들이 울며 애통하며 제단 앞으로 뛰어나가게 되는 확신을 낳는 피니Finney, 광야 길이나 얼어붙은 겨울이라도 말을 타고 담대히 맞서 복음을 전하는 (순회목사) 피터 카트라이트Peter Cartright 같은 이들이 필요하다. 우리에겐 역사를 만들 "기도하는 하이드Hyde", 하나님의 목적을 탄생시키는 리즈 하월즈Rees Howells의 마음, 전국에 각성을 일으키는 제러마이아 램피얼Jeremiah Lamphier 같은 이들이 필요하다.

이들이 누군지 모르겠는가? 그것부터가 하나의 문제다. 오늘날 우리의 영웅은 스포츠 선수, 영화 배우, 가수들이다. 우리는 실패자들—간음을 일삼고 입버릇이 상스러운 자들, 반역자들, 무책임한 아비들, 거짓말하는 정치가와 위선적인 설교가들—을 모방하는 경우가 많다. 하나님께서 진리와 명예를 위해 싸울, 거룩하고 이기심 없는 전사들을 우리에게 주시기를. 다시금 이 땅에 선두주자적 영성을 깨우사 옛 길을 찾는 데에 필요한 비전과 끈기의 세대를 덮어 주시길.

제발 그렇게 행하소서, 주님.

Ⅶ. 개척자들

THE PIONEER SPIRIT

새롭다 : 익숙하지 않다. 선례 혹은 전례, 유사한 경우가 없다.
인적 미답 : (알려지지 않은 지역에 대해)
  아직 조사 내지 수사 된 적이 없는.

선두주자의 다섯 번째 특징은 **새로운 인적 미답의 땅을 가로질러 갈 의지다**. 하나님께서는 아브라함에게 "어디로 가야 할지 모른 채 (히 11:8)" 새로운 곳으로 이동하라고 명하셨다. 선두주자들은 익숙함의 안도감을 필요로 해선 안 된다. 선두주자로서의 가장 본질적인 특징은 길trail을 찾아 다른 이들이 뒤따라올 수 있도록 그곳에 빛blaze을 비추는 것이다. 따라오는 이들에게 길을 보여 줄 수 있도록 나무 사이에 옅은 색의 표시를 자르거나 꼬개 넣는 것이다.

그래서 영어로는 trailblazer라고 부른다. 이들은 다른 이들보다 앞서 달리되, 먼저 도착하기 위한 목적이 아니라 뒤에 오는 이들을 위해 길을 찾는 것을 목표로 한다. 그래서 이들을 선도자(先導者)라고 하는 것이다.

이 모든 단어들 가운데 묘사된 개념은 탐험에 대한 것이다. 탐험가는 코스를 지도로 그린다. 그들은 누군가를 따라가지 않는다. 이는 그들이 실수를 하고, 막다른 골목을 마주하기도 하며, 산지의 폐쇄된 지점에 도달하거나 건널 수 없는 개울 내지 강이 있는 지점에 이르게 될 수도 있음을 의미한다.

다시 말해, 이들은 탐험을 해야 하는데 여기에는 길을 찾기까지 후진도 하고 처음부터 다시 시작하기도 하는 과정이 수반된다는 것이다. 통로, 교차점을 찾아내기 위해서 말이다. 이들은 실수를 받아들여야만 한다. 실패가 아닌 과정의 일부로 말이다. 그 여정은 길고 외롭고, 위험천만하며 대가가 클 수 있다. 선두주자의 부르심은 영화나 책에서만 낭만적일 뿐 현실에서는 그렇지 않다!

나는 많은 비난을 받아 왔는데, 특히 목회를 할 때 변화를 너무 자주 준다는 이유로 그랬다. 나는 "사람들은 지속적인 것을 원합니다"라는 이야기를 들었다. 동의한다. 특히 정착민들이 그렇다. 하지만 이전에, 정착이라는 것의 인식이 좋지 않았을 때—어쩌면 겨울을 지내기가 쉽지 않거나 견딜 수 없는 상황 가운데—누군가는 더 나은 장소를 찾아야 했다. 선두주자 내지 선두주자로 위임 받은 이들이 상심해 탐구를 중단하기로 결정해 부적절한 곳에 정착하게 되면, 뒤따라오는 이들에게 엄청난 위험 부담을 안겨 줄 수 있었다.

예수께서 우리를 선두주자로 부르셨다!

교회에 있는 우리들은 땅을 취하고 사람들을 더 나은 길로 인도하는 선두주자가 되도록 부르심 받았다. 예수께서는 결코 우리가 정착민의 사고 방식을 갖도록 의도하지 않으셨다. 주님께시는 "가라"고 하셨다. 그 순간으로부터 우리는 전진하여 땅을 취하고, 확장하도록 부르심 받은 것이다. 이것이 그치면 무언가가 망가져 수리가 필요하게 된다. 수리를 대체하는 것이 부인이다. 우리 부르심과 목적을 재정의하고 성공을 재정의하는 것이다. 우리는 이 모든 것을 행해 왔다. 양떼의 이동이 성공이요 진보로 받아들여져 왔으며, 그 양떼의 건강을 유지시키는 것이 우리의 주요한 소명이라 인식되어 왔다. 그 결과가 교회 내의 정착민의 사고 방식과 복지적 정신 상태다.

"누군가 저를 돌봐 주세요. 저를 위해 최대한 쉽게 만들어 주세요."

이것이 변해야만 한다. 감사하게도, 나는 변화가 일어나고 있다고 믿는다. 그 세대—믿는 자들과 믿을 자들로 구성된—가 미국에 일어나고 있다고 확신한다. 이들은 길, 옛 길을 잃었음을 깨닫고 있다. 이 선두주자들은 그 길을 찾을 채비가 되어 있다. 위험이 수반되는 미지로의 여정이라 해도 말이다. 하나님께서는 여호수아에게 약속의 땅으로 가는 길은 아무도 가보지 않은 길이라고 말씀하셨다 (수 3:4 참조).

익숙함을 떠나야만 한다

전진하지 않는 미국의 한 교회는 일상적이고, 안전하고 익숙한 지대에 거하며 건물을 짓고 자족하는 상태로 변해 버렸다. 내가 잘 아는 교회 네트워크의 한 지도자는 최근 자신의 담임 목사에게 이렇게 말했다.

"그리스도의 몸 가운데 나타나고 있는 새로운 아이디어를 시도하거나 새로운 메시지를 포용하지 마십시오. 다른 이들이 위험 부담을 떠안게 하십시오. 그들이 시도할 동안 기다렸다가 효과가 있으면, 그때 실행하십시오."

꽤 좋은 조언 아닌가? 우리가 하는 일이 세우고 살아남는 것에 불과하다면, 실로 좋은 조언이다. 하지만 결코 선두주자의 마음가짐은 아니다.

이들은 가젤 그리스도인들이다. 아프리카 가젤들은 꽤 높이 점프할 수 있고, 거리로는 9m까지 뛸 수 있다. 하지만 겨우 90cm 되는 벽으로 둘러싸인 동물원에도 갇힐 수 있다. 이유는 이렇다. 가젤들은 어디로 떨어질지 보지 못하면 점프를 안 한다. 이러한 마음가짐으로는 인공 장벽과 종교의 울타리를 결코 탈출하지 못할 것이다. 점프하라! 익숙함을 떠나라! 급진적 기독교라는 옛 길을 찾으라! 그것은 곧 전적인 헌신, 표적과 이사, 새로운 지역으로의 침투, 문화에로의 전염, 열방의 제자화, 곧 세상을 뒤집어 엎는 일이다. 그것이 우리의 부르심이다!

청교도적 선두주자들

초기 청교도들이 이 땅으로 인도 받았을—그렇다, 나는 하나님께서 그들을 인도하셨다고 믿는다—때, 그들은 하나님께서 보내신 선두주자라는 마음으로 왔다. 다른 목적들도 있었지만, 그들은 자신들의 뜻을 이렇게 밝혔다.

"하나님의 영광과 기독 신앙의 확장을 위하여…."

이 청교도들의 이야기와 그림들은 보통 행복하고 잘 먹은 사람들이 추수감사절 식탁에 둘러앉아 있는 모습이다. 칠면조와

옥수수, 늙은 호박 등 풍성한 음식을 차려놓고 말이다. 궁극적으로 이런 일이 일어나긴 했지만, 처음엔 그렇지 않았다.

청교도들은 비좁고 더러운 배를 타고 도착했다. 성난 파도를 견디기 위해 갑판 아래서 수많은 날을 옹송그리며 지내던 배설물과 토사로 가득 찬 물 속에 출렁이고 있는 스스로를 발견했다. 겁 먹고 아파하는 아이들을 붙들고 그들은 하나님께서 간섭하사 안전하게 도착하게 되기를 기도했고, 결국 그렇게 되었다. 하지만 그들은 이 새로운 땅의 시련에 대한 준비가 거의 되어 있지 않았다. 그 시련 중에는 혹독한 겨울이 있었고, 첫 여름이 끝나기 전에 절반 이상이 죽게 되었다.

그렇다고 이 청교도들이 실패는 아니었다. 그들은 도착한 해변—플리머스 바위Plymouth Rock—에 십자가를 세우고 새로운 땅을 하나님께 바쳤다. 주님께서는 지금도 그들이 행한 바를 존중하고 계신다. 자유의 토양 안에 묻힌 그들은 우리가 지금 향유하는 유산의 필수적인 부분이 되었다. 그들은 모두 선두주자들이었고, 그들의 유산은 오늘까지도 살아 있다. 그리고 그들이 치른 값을 인해 우리는 자유에 빚진 자가 되었다. 역사는 우리가 이 빚을 갚는지 안 갚는지, 우리 자신의 선두주자적 길에 대한 부르심에 응답하는지 하지 않는지를 기록할 것이다. 민족의 운명이 달려 있다. 우리가 부르심에 응답하면, 오늘 우리가 비추는 길은 내일 우리 자녀들이 걷는 길이 될 것이다.

이와 같은 때를 위해 태어나

역사 가운데 아무도 자신이 살고 싶은 때를 고르진 못한다. 그러나 성경은 분명히 우리가 우연히 이 시절에 사는 것이 아니라고 말씀한다. 다윗은 말했다.

"나의 앞날이 주의 손에 있사오니 (시 31:15)."

바울은 하나님께서 우리가 사는 연대와 거주의 경계를 정하셨다고 선포했다 (행 17:26 참조). 우리 각자는 왜 주님께서 역사의 이 시점을 우리 개인에게 맡겨 주셨는지 자문해 봐야 한다. 나는 오늘 우리가 살아 있다는 사실만으로 미국을 하나님께 되돌려 놓을 소명을 받았음을 증명한다고 믿는다.

하지만 그렇게 하려면 하나님의 섭리의 손길에 대한 강한 믿음과 옛 길로 향하는 길을 비추고자 하는 의지가 있어야 한다. 이 길은 좁고, 때로는 잡초, 덤불, 잡목들이 무성하게 자라 있다. 하지만 낙심하지 말라. 면밀히 살펴 보면 아직도 표지판들이 있다. 낡아 퇴색하긴 했지만, 여전히 거기 있다. 길을 가리켜 주고 있는 것이다. 그중에는 성경 구절도 있고, 앞선 선두주자들의 이름이 적혀 있는 것들도 있다. 건국의 아버지들의 명언들이나 노래 가사들도 있다. 이것들은 미국을 향한 하나님의 꿈으로 돌아가는 길을 가리켜 준다. 위대함, 영광, 겸손과 공의로 향하는 길 말이다.

나는 그 길이 시작한 그곳에서 끝난다고 믿는다. 지치고 배고픈, 더러운 선두주자들에 둘러싸인 해변가의 십자가 말이다. 하나님의 영광과 기독 신앙의 전진에 이 나라를 바친 선두주자들.

Ⅷ. 열정적으로

THE PIONEER SPIRIT

극단적 : 강렬함의 가능한 최대 정도 혹은 수준.
양이나 액수, 정도 면에서 표준을 훨씬 넘어섬.
무언가의 한가운데로부터 가장 멀리 떨어진 지점.
열정 : 격하게 감정적인 특질

선두주자적 영성의 여섯 번째 특징은 **극단적 열정**이다. 나는 위에 쓴, 이 두 단어의 정의를 좋아한다.

* 강렬함의 가능한 최대 정도 혹은 수준— 내가 찾는 바로 그것이다!

* 표준을 넘어섬— 미국을 변화시키는 데에 있어서라면 나는 정상, 현상 유지에 대한 사람들의 갈망에 지쳤다. 미국의 자유주의자, 인본주의자, 적그리스도 세력들은 지금껏 그리스도의 몸보다 자신들의 뜻에 있어서 훨씬 더 열정적이었다.

* 한가운데로부터 가장 멀리 떨어진 지점— 내가 있고 싶은 곳이 바로 여기다! 중간 지대가 아니다. 나는 온건파가 아니라, 급진파요 열정적 개혁가다! 균형? 사양하겠다.

* 격하게 감정적— 바로 그거다. 나를 비난하는 사람들의 온갖 소리들 가운데, 격렬함이 부족하다는 이야기는 결코 듣고 싶지 않다.

내가 스스로 결론을 내린 의미가 맞는지 확인하기 위해 '격렬하다'는 단어를 사전에서 찾아봐야 할지 모르겠다는 생각을 했다. 사전에는 이렇게 적혀 있었다. '높은 수준에 대한 구별된 특징을 가지고 있다.' 그래, 그게 맞다. 나는 높은 수준의 열정을 갖고 싶다.

나는 열정 없는 기독교에 질렸다. 예수께서도 질리셨으리라 믿는다. 주님께서는 미지근함을 견딜 수 없다고 하셨다 (계 3:15~16). 내가 교만하다고 생각지 말길 바란다. 분명 나는 기준을 세우려는 것이 아니다. 나는 그리스도와 그분의 뜻을 향한 열정이 얼마나 큰지를 내게 확증시켜 주는 수많은 성도들, 특히 10대와 20대들을 보았다. 하지만 나는 내 열정을 두고 이야기하는 것이며, 내 목표는 극도의 열정으로 불타오르는 것이다!

대의 중심적인 선두주자들

다윗이 하나님께 대해 이토록 열정적인 사랑을 가졌다. 골리앗이 여호와를 조롱하는 소리를 듣고는, 도저히 더 이상 들을 수 없다고 했다. "이 자가 누구관대 자기 신들의 이름으로 여호와를 저주하는가?" 그는 말했다. "어찌 이유가 없겠는가 (삼상 17:29)?" 해석하면 이런 뜻이다. 이것은 이스라엘 민족이나 그들의 땅, 심지어 사람들의 목숨보다 더 큰 일이었다. 하나님의 평판이 걸린 일이었다! 그래서 285cm나 되는 거인을 맞서려 다윗이 뛰어갔던 것이다. 죽을 수도 있었지만, 다윗의 열정은 죽음에 대한 두려움보다 컸다.

오늘날 하나님과 그분의 뜻을 대적하는 거인들에게 맞서기 위해 달려나갈 다윗들은 어디에 있는가? 주님의 대의를 위해 자신의 생명을 내려놓을 이들은 어디 있는가? 많이 보진 못하지만, 나는 그들의 존재를 믿는다. 그들이 다수나 가장 큰 무리가 되진 않겠지만, 다윗에게 그랬듯 그것은 문제가 되지 않는다. 하나님께서 그들에게 능력을 주실 것이니 그들의 승리는 자명하다.

나는 다윗의 이야기를 너무나 좋아한다. 그로부터 수년이 흐른 후에도 여전히 열정을 갖고 있어서, 하나님의 궤가 들어오자 춤을 추었으니 말이다 (삼하 12:23, 대상 15:29 참조). 왕으로서의 장관(壯觀)과 품위를 버려 두고, 예루살렘에 들어오는 언약궤를 맞이하여 그는 가운을 던져 둔 채 미친 듯 춤을 추며 경배했다. 그의 아내 미갈은 예배자가 아니었으며 분명 하나님께 대한 열정이 없었던 게다. 미국 대부분 교회의 예배에서는 아주 편안함을 느꼈을지 모르겠다. 그녀는 다윗의 열정과 품위 없음을 조롱했다. 다윗의 반응은 이랬다. "네가 아무것도 보지 못하였구나. 나는 이보다 얼마든지 더 채신 없이 행동할 수도 있다!" 미갈에 대한 하나님의 응답은 불임이었다. 주님께서는 그녀의 성품이 아래 세대로 흘러내려가지 못하게 하셨다. 주님께서는 열정을 사랑하시고 심드렁한 무관심을 혐오하신다.

사랑의 포로

바울도 극도의 열정을 보여 준 선두주자였다. 그는 예수 그리스도의 뜻에 대한 자신의 헌신을 설명하며 이렇게 말했다. "하나님의 사랑이 우리를 통제한다 (고후 5:14 참조)." '통제하다(헬라어 '수넥호')'는 본디 '포로' 내지 '수감자'를 뜻한다. 하나님의 사랑이 얼마나 바울을 사로잡았던지, 그 지배력을 피할 수 없을 정도였다. 사랑에 매인 바울은 배고픔과 목마름, 수많은 매, 그리고 투옥을 겪었지만 전혀 흔들림이 없었다. 편안은 문제가 되지 않았다. 오직 그 뜻을 위한 열정이 전부였다.

미국의 건국자들은 극도의 열정을 갖고 있었다. 그들은 자유라는 뜻을 위하여 죽을 준비가 되어 있었다. "내게 자유 혹은 죽음을 달라"고 한 말은 번드르르한 캠페인 연설 이상이었다. 그 발언을 했을 때 패트릭 헨리Patrick Henry는 전혀 모호함 없이 "나는 이 뜻을 위하여 죽겠다"고 말했다. 그의 연설 전문을 인터넷에서 검색해 보라. 하나님과 이 나라를 향한 그의 흔들림 없는 열정을 보게 될 것이다.

죽기까지 열정적으로!

이미 이 책에서 존 애덤스 이야기를 했지만, 다시 한번 언급을 하겠다. 그는 열정적인 자유의 선두주자였다. 토마스 제퍼슨Thomas Jefferson은 그를 "독립의 거인"이라고 불렀다. 둘이 항상 같은 의견을 가졌던 것은 아니지만, 이 나라를 향한 열정 때문에 그들은 차이점을 제쳐둘 수 있었다. 아주 가까운 친구였던 둘은 같은 날 죽었다.

많은 이들이 애덤스와 제퍼슨이 독립 선언 50주년 되는 날이었던 1826년 7월 4일에 같이 죽었음을 알지 못한다. 마치 둘이 그 위대한 날까지 살기를 작정했던 것만 같다. 하나님의 주권으로 탄생한, 이 나라의 생존을 보고자 하는 그들의 열정은 그러한 획기적인 사건을 이루기까지 그들을 살게 했다. 모임에 참석하기엔 너무나 기력이 쇠약했던 애덤스는 창가 의자에 앉혀 달라고 부탁해, 축제를 관람이나마 하려 했다. 그곳에 있던 중에 애덤스는 의식을 잃게 되었고 그날 밤에 운명했다. 애덤스가 하늘로 떠나기 전에 남긴 마지막 두 마디가 무엇이었지 아는가? "독립이여, 영원하라!"

존 애덤스는 하나님을 높이는, 선두주자적 애국자였다. 그는 아마도 세계 역사상 가장 위대한 제국을 맞설 강철과 같은 머리와 마음을 가진 사람이었다. 다윗과 같이 그도 물었다. "어찌 이유가 없겠는가?" 나도 여러분에게 그 질문을 하고 싶다. 미국을 향한 예수 그리스도의 뜻이 우리가 살고 죽기에 충분한 목적이 되지 않는가? 죄 많은 정치가와 판사들 때문에 하나님을 알 수 있는 기회를 박탈 당한 미국의 청소년들이 수백만 명임을 알고 있는가? 그들이 우리의 기도와 열정에 합당한 가치가 없는가? 얼마나 더 많은 이들이 갱gang, 학교 총기 사건, 자살, 마약 중독, 음주 운전으로 죽어야 용기 있는 자가 일어나 "그만!"이라고 외치겠는가?

얼마나 더 많은 아기들이 어머니의 태에서 살해되어야 하겠는가? 얼마나 더 많은 아이들이 아버지 없는 가정에서 성장해야 하겠는가? 얼마나 더 해야 하는 것인가?

진실로 미국은 옛 길을 잃었다. 하나님께서는 부끄러움 없는 담대함으로 일어나 이렇게 선포할 열정의 선두주자들을 기다리고 계신다.

"나는 그 길을 찾을 것이다. 지옥이나 창수, 핍박, 조롱, 손해. 무엇이든 와라. 나는 미국을 향한 하나님의 목적으로 돌아가는 길을 찾을 것이다."

열정을 위한 탄원

구세군의 창시자 윌리엄 부스William Booth의 "무슨 상관이야?"

라는 제목의 메시지는 그가 받은 환상에 대해 나누고 있는데, 그것은 하나님을 알지 못했던 이들의 절망적인 곤경을 보여 주는 환상이었다. 그 환상은 또한 대부분의 그리스도인들이 그들의 상태에 완전히 무관심함을 보여 주었다. 그 열정적 호소에 귀 기울이고 있는 성도들에게 그가 한 도전은 아래와 같은 권고로 맺어졌다.

"여러분이 해야만 합니다! 기다릴 수 없습니다. 종교 생활, 충분히 오래 즐겼습니다. 기분도 좋고, 노래도 좋고, 모임도 즐겁고, 앞으로의 전망도 좋습니다. 인간적인 행복, 박수, 외치는 찬양 소리 충분합니다. 이 땅에서 천국을 충분히 느꼈습니다.

그러니 이제, 하나님께 가서 그 모든 것들에 등을 돌릴 수 있을 만큼의 준비가 되었다고 말씀 드리십시오. 어떤 대가가 요구되더라도 이처럼 멸망해 가는 무리들 틈에서 여생을 분투하며 보내고자 한다고 말씀 드리십시오. 그렇게 해야만 합니다. 여러분의 마음 가운데 이제 침투해 온 빛, 그리고 여러분의 귀에 울리고 있는 부르심, 여러분의 눈 앞에서 손짓하는 손을 보면 선택의 여지가 없습니다. 멸망해 가는 사람들 속으로 들어가는 것이 여러분의 의무입니다. 이제부터 여러분의 행복은 그들의 궁핍을 나누는 것, 여러분의 편안은 그들의 고통을 나누는 것, 여러분의 면류관은 그들이 십자가를 지도록 돕는 것, 여러분의 천국은 그들을 구출하기 위해 지옥의 아가리 속으로 들어가는 것이 되어야 합니다.

이제, 여러분은 어떻게 하겠습니까?"

그러니 부스가 자신을 따르는 사람들을 구세군Salvation Army이라 부르는 게 당연하지 않겠는가! 그의 질문은 오늘날에도 똑같이 유효하다. 우리는 어떻게 할 것인가? 역사는 우리를 어떻게 묘사할 것인가? 열정적인 사람 혹은 무관심한 사람? 태평한 사람 혹은 보살피는 사람? 열정을 택하라! 굶주림을 택하라! 불을 택하라!

나는 영화 〈브레이브 하트〉의 윌리엄 월리스와 같이 나아가고 싶다. 그가 죽은 방식이 아니라, 그가 죽음으로 남긴 **메시지**를 닮고 싶다. 그가 떠나며 남긴 "자유!!!!!"라는 외침은 온 나라에 자유를 위해 싸울 영감을 주었다. 월리스와 같이 무덤에 들어가 내 연설 소리가 잠잠해졌을 때에도 여전히 내 외침이 들려지길 나는 원한다. 내가 떠난 뒤 내 이름이 언급될 때, 혹여 언급이 된다면, 나는 그것이 칭송이 아닌 열정, 환호가 아닌 행동을 일으키기를 바란다.

여러분은 어떠한가?

IX. 대의

THE PIONEER SPIRIT

대의 : 수호 또는 옹호할 준비가 됨. 깊은 헌신을 인한 원칙, 목표 혹은 운동.

선두주자가 되기 위해 일곱 번째, 즉 마지막으로 갖춰야 할 특질은 **자신보다 더 큰 대의를 위해 싸울 의지**다. 우리의 원함과 필요가 그 대의보다 더 중요하다면, 결단코 선두주자가 될 수 없을 것이다. 정착촌에 남아 있는 게 좋다. 마을의 안전감을 즐겨라. 길들여져 급진적일 것 없는 버전의 기독교를 따르기로 한 공동체를 찾아 그들과 일주일에 한두 시간 정도 시간을 보내라. 그들은 정착촌에 있는 모두가 기분 좋고 관심 받고 있다는 느낌이 들도록 애를 쓸 것이다. 하지만 평범한 기독교—수동성, 의식, 일상, 프로그램, 성인들을 위한 탁아소—가 식상하다면, 옛 길을 찾아 이 현대판 기독교를 떠나고 있는 수없이 많은 이들을 좇으라.

모세가 이집트의 종살이로부터 구해낸 이스라엘 백성들을 인도했을 때, 다른 아홉 지파보다 훨씬 앞서 땅을 나눠 받은 지파가 셋 있다. 가축들에게 딱 맞는, 그들이 고른 땅은 가나안 변두리에 있어서, 다른 땅들보다 훨씬 먼저 정복해 받을 수 있었다. 허나 모세가 이 세 지파에게 단 한 가지의 조건을 걸었다. 다른 지파들이 싸움을 시작하기 전에 얼마나 오랜 시간—결국 수년이 됨—을 그 유업의 땅에서 지냈든, 그들은 싸움이 시작되면 무조건 집을 떠나 싸움에 가담해야 했다. 여호수아가 그들로 이 약속을 지키게 했다.

이스라엘이 지파, 도시, 가구로 나뉘어 있었지만, 그럼에도 여호와께서는 이와 같은 원칙을 도입해 독립적인 사고방식이 완전히 대체하지 못하게 했다. 그들은 민족적으로 여러 가지 절기를 지켜야 했고, 전쟁이 벌어지면 서로를 위해 싸워야 했다. 하나님께서는 공산주의는 아니지만 그들이 공동체를 이해하고 존중해야 함을 알게 되기를 원하셨다. 그들은 개인과 지파 별로 살며 번영할 수 있었지만, 전적으로 그런 것은 아니었다. 항상 각자보다 더 큰 대의가 있었다.

역경의 풀무불—고된 일과 자족을 요구—로 단련된 우리 조상들은 복지적 사고방식을 결코 용인하지 않았을 것이다. 그것이 바로 오늘 미국에 침투하고 있다. 미국이 연합이라는 개념 위에 지어졌다는 것도 맞는 말이다. 독립선언문에 서명할 당시, 벤자민 프랭클린Benjamin Franklin은 이렇게 말했다.

"우리는 진실로 일치해야 합니다. 그렇지 않으면 완전히 분리될 것입니다."

이렇게 싸우려는, 그리고 필요하다면 다른 이들을 위해 죽으려는 사고방식이 미국의 건국 시점부터 기본 구조 안에 있었다. 그리고 이것이 선두주자적 영성의 핵심이다.

후에 이스라엘의 왕이 된 다윗은 골리앗에게 맞설 때 이러한 태도에 대해 말했다. 골리앗과 싸우겠다고 제안하자 형의 비웃음을 마주하게 됐는데, 다윗은 이렇게 형에게 응대했다. "어찌 이유가 없겠습니까? (삼상 17:29)" 여기에 명백히 암시된 내용은, 죽을 수도 있지만 그보다 훨씬 위대한 것이 걸려 있다는 뜻이다. 하나님의 명성과 이 나라의 보존이라는 문제였다.

역사가 없겠는가?

다윗의 질문이 강력하고 가슴 아팠던 만큼, 이 발언에는 사실 다른 강력한 암시가 하나 더 들어 있다. "이유(히브리어로 '다바르')"라는 단어는 "역사"를 의미하기도 한다. 그래서 이런 의미로 한 질문일 수도 있다. "어찌 역사가 없겠습니까?" 존중해야 할 과거의 역사, 그리고 어쩌면 기록해야 할 미래의 역사까지도 말이다.

"아브라함, 주님과 우리의 역사는 어떤가? 모세와 우리 조상들을 이집트에서 구출하기 위해 행해졌던 기적들은 생각해 보았는가? 우리 역사 가운데 우리에게 거인을 맞설 만한 용기를 주는 무언가가 있지 않은가?" 다윗은 자문했을지도 모른다. 그는 이렇게 덧붙였다.

"나에겐 개인적인 역사가 있다. 나는 이미 아버지의 양을 지키던 중에 사자와 곰을 죽여 보았다. 그러니 나에게 그러한 승리를 주신 하나님께서 동일하게 거인을 물리치도록 도와주실 것이다."

아니 어쩌면 다윗은 이렇게 물었을지 모른다.

"**기록해야 할** 역사가 있지 않은가? 역사는 이 거인에 대한 우리의 반응을 어떻게 기록할 것인가? 우리가 용감하게 싸웠고 하나님의 명예를 지켰다고 말할 것인가? 아니면 필요하다면 우리의 아내와 아이들을 지키기 위해 죽을 각오가 되어 있었다고 할 것인가? 최소한 나는 이 거인에게서 웅크렸다가 수치심을 가지고 살아가느니 청렴과 영광 속에 죽겠다."

이 시나리오와 오늘날의 미국 사이에는 놀람을 감출 수 없는 유사성들이 있다. 기독교 국가로서 우리 역사의 지속성이 걸려 있다. 미국을 향한 하나님의 목적은 불가결하게도 이 땅을 향한 하나님의 목적과 연결되어 있는데, 그것은 우리의 결정에 달려 있다. 악한 제도, 거짓 종교들, 부정직한 지도자들은 주님과 주님의 방도, 주님의 말씀을 조롱한다. 역사는 우리의 반응을 기다리고 있다. 우리의 자녀와 손주들 세대는 어떤 역사를 읽게 될까? 판결은 아직 내려지지 않았지만, 최종 변론은 분명히 진행되고 있다.

어찌 약속이 없겠는가?

다윗이 사용한 '다바르'라는 단어에는 다른 개연성도 있다. '약속'이라는 번역도 가능하다. 어찌 약속이 없겠는가? 다윗은 이스라엘이 받은 지난 약속들을 상고해 보라고 형들에게 도전해 왔을지도 모른다. 우리 조상들에게 주신 약속들은 어떤가? 최근에 신명기 28장 1~7절을 읽어 보았는가? 여기에는 다른 많은 것들보다도 주님께서 우리의 대적이 우리 앞에서 얻어 터지게 해주시리라는 약속이 있다. 그리고 적들이 한 길로 왔다가 우리에게서 도망할 때는 여러 길로 흩어지리라는 약속도 있다. 우리가 든든히 붙들 수 있는 약속이 있지 아니한가?

어찌 전략이 없겠는가?

그리고 마지막으로 '다바르'는 또한 '말씀'이라는 뜻이 있다. '여호와의 말씀' 등의 표현에서와 같이 말이다. 나는 여기서 전략의 개념을 발견하게 된다. "이 악한 거인을 대하는 방법에 대한 하나님의 전략을 들은 자가 없는가?"라고 물었을 수도 있다. 다윗은 분명 그 전략을 들은 사람이다. 거기에는 돌팔매와 매끈한 돌 다섯 개가 수반되게 되었지만, 결국 하나만 필요했다.

오늘 우리에게는, 미국을 향한 전략들과 붙들어야 하는 약속들이 기다리고 있다. 대적들을 대할 때에 여호와께서는 결코 계획이 없지 않으시다. 하지만 이 전략들은 선두주자들에게만 임한다. 대의를 위해 모든 것을 각오할, 옛 길을 찾기 위해 정착촌의 안전을 떠날 이들 말이다. 여러분은 그런 사람인가?

그 대의를 따르라

영화 〈패트리어트〉에서 벤자민 마틴Benjamin Martin의 처제는 마틴을 위로하려 영국에 대항해 싸우지 않기로 한 최초의 결정을 옹호한다. "형부는 부끄러워할 일을 하나도 하지 않았어요."

마틴의 가슴 아픈 대답은 이것이었다.

"나는 아무것도 하지 않았어요. 그래서 부끄러워요."

변화가 일어나지 않는다면, 이것이 어쩌면 우리 세대 미국인들의 비극적인 묘비명일지 모르겠다. 나는 우리가 역사에 이렇게 기록되지 않기를 기도한다! 나는 우리가 마틴과 같이 마침내 이 대의에 대해 각성하고 있다는, 고무적인 기색들을 본다. 내가 옳기를 바란다.

멜 깁슨Mel Gibson의 또 다른 유명 역사 영화 〈브레이브 하트〉에서 에드워드Edward 1세가 스코틀랜드의 지도자들에 대해 말을 하는데, 윌리엄 월리스는 자유라는 대의를 위해 절박하게 세력을 결집시키고 있었다.

"귀족들은 스코틀랜드의 열쇠입니다. 그들에게 요크셔Yorkshire의 땅과 칭호를 주십시오. 욕심을 많이 내어 우리를 반대하게 하십시오."

할리우드가 다시 한번 부지불식 간에 우리에게 예언을 해주고 있다! 얼마나 가슴 저미는 말인가. 그런데 너무나 슬프게도 오늘날 미국의 모습을 보여 주고 있다.

"명품들로 게을러지게 하고 편안함으로 안일하게 하라. 자유는 훔쳐가고 부를 약속하라!"

이것을 끝내야만 한다! 대의 중심적인 선두주자 세대가 일어나 "싸우겠습니다!"를 선포해야 한다. 월리스가 선언했듯, "그들은 우리의 목숨을 앗아갈 수 있으나, 우리의 자유는 결코 가져갈 수 없다!" 우리는 하나님께서 주신 미국의 역사를 기반으로, 그분께서 주신 과제를 완수할 것이다. 우리는 옛 길을 찾아 우리의 처음으로 돌이킬 것이다. "하나님 아래 한 나라"요 그 하나님만 신뢰하는 나라로서 말이다.

우리가 그것을 찾을 수 있는 것은… **선두주자이기 때문이다.**

선두주자의 영성

지은이 더치 쉬츠
펴낸이 김혜자
옮긴이 고병현

초판발행 2014년 6월 20일

등록번호 제16-2825호 | 등록일자 2002년 10월
발행처 다윗의 장막 | 주소 서울시 강남구 대치2동 982-10
전화 02)3452-0442 | 팩스 02)3452-4744
www.ydfc.com
www.tofdavid.com

값 6,000원
ISBN 978-89-92358-85-9 03230

* 잘못된 책은 바꿔 드립니다.
다윗의장막미디어는 영적 부흥과 영혼의 추수를 위해 책, CD, Tape, 영상물들의 매체를 통해
하나님 나라가 가정, 사업, 정부, 교육, 미디어, 예술, 교회로 확장되는 비전으로 나아가고 있습니다.